WIRTSCHAFT UND IDEALISMUS

HERRN DR. ALFRED GIESECKE

DEM MITINHABER DER

VERLAGSBUCHHANDLUNG B. G. TEUBNER

ZUM 60. GEBURTSTAG

GEWIDMET

Springer Fachmedien Wiesbaden GmbH 1928

ISBN 978-3-663-15184-5 ISBN 978-3-663-15747-2 (eBook)
DOI 10.1007/978-3-663-15747-2

Softcover reprint of the hardcover 1st edition 1928

Dr ALFRED GIESECKE

Unser Geschäft ist keineswegs ein gewöhnliches Gewerbe, oder eine bloß mechanische Beschäftigung, die sich auf sich selbst des lieben Brotes willen beschränkt, sondern auch abgesehen von der Kunstvollkommenheit, zu der es sich erheben läßt, ist es ein Geschäft recht geistiger Natur, in dem wir uns weit über den gewöhnlichen Standpunkt erheben, die Wissenschaft und geistige Bildung kräftig fördern und nicht bloß uns selbst und dem Staate, sondern der Welt – und zwar der geistigen – nützen können. Dies aber ist das Höchste, weil es von unserem geistigen Ich ausgeht, welches nicht vergeht, sondern über Grab und Zeit dauert.

Benedictus Gotthelf Teubner 1827

INHALT

WIRTSCHAFT UND IDEALISMUS

VON

WALTER GOETZ

Die Wirtschaft erscheint als das Gebiet des Materiellen. In ihren Erzeugnissen ist sie das unzweifelhaft, aber zur Hervorbringung dieser materiellen Güter ist Geist in irgendwelcher Form die unentbehrliche Voraussetzung. Selbst die primitivste Wirtschaft ist der Ausdruck eines vorhandenen geistigen Zustands. Der materialistischen Geschichtsanschauung, die im Wirtschaftsleben ein für sich bestehendes Gebiet erkennen wollte, ist längst mit gutem Recht entgegengehalten worden, daß hinter aller Wirtschaft der schaffende Mensch steht, der nicht mechanisch, nicht unter dem Zwang wirtschaftlicher Naturgesetze, sondern denkend und unter verschiedenen Möglichkeiten sich entscheidend seine Aufgabe löst. Wohl sind bestimmte Voraussetzungen der Natur gegeben, aber dem menschlichen Handeln bleibt ein breiter freier Spielraum, und das wirtschaftliche Geschehen ist zuletzt überall durch den Menschen bestimmt. Es wächst aus alter Überlieferung oder aus neuer Idee, aus Wagemut oder starrem Festhalten am Gewohnten, aus Fleiß oder Lässigkeit hervor. Aber da dieses Ideelle im Anfang der Kulturentwicklung und auch später oft in erster Linie aus nüchternem Erhaltungstrieb oder aus wohlberechnetem Erwerbssinn hervorgeht, so könnte man schließen, der Materialismus als Gesinnung sei doch das Treibende in allem Wirtschaftsleben. Der Idealismus scheint sein Reich erst zu beginnen, wo das Wirtschaftliche sich mit höheren Elementen verbindet: wo aus dem Gewerbe sich Kunstgewerbe, wo aus Handwerk sich Kunst entwickelt, überall also wo das Nützliche sich zum Schönen zu gestalten strebt oder wo Vorbilder geschaffen werden sollen. Wo ferner das Gewerbe dem geistigen Leben dienen soll, wie beim Buchdruck und Buchverlag und bei dem gesamten graphischen Gewerbe, findet ein gleicher Übergang statt: das Nützliche wird z. T. durch höhere Gesichtspunkte verdrängt: ideelle Bedürfnisse werden ohne Rücksicht auf Gewinn, nur im Dienste des wissenschaftlichen, künstlerischen oder religiösen Lebens befriedigt. Oder treibt etwa auch hier nur berechnende oder idealistisch verhüllte Selbstsucht ihr Wesen, wie die Realisten des Lebens es behaupten?

Aber ist der Buchhandel nicht doch seit alter Zeit ein Gebiet des Idealismus gewesen? Um Ideen zu verbreiten haben Buchdrucker und Verleger Opfer gebracht, Verfolgungen erduldet, ja selbst das Leben eingesetzt. Gewiß nicht aus Gewinnsucht – die Beispiele sind gerade hier zahlreich, daß Verleger und Bekenner in einer Person vereinigt waren, daß aus innerster Überzeugung heraus der Wunsch entstand, für geistige, religiöse oder politische Ideale mit aller Kraft zu wirken. Von der Reformationszeit bis zur Gegenwart sind die Beispiele zahlreich und ehrenvoll und keiner allgemeinen Mißdeutung zugänglich. Die Verbindung mit Gelehrten und Schriftstellern hat die Verleger von Haus aus in eine Fühlung mit dem Ideellen gebracht, die anregend und hebend wirken mußte. Das geistige Interesse ist vom Verfasser der Bücher sehr häufig auch auf den Verleger übertragen worden, und diese haben dann oftmals von sich aus die Anregung zur Erschließung neuer Gebiete gegeben; die Wissenschaft und die schöne Literatur danken tatkräftigen Verlegern viel Neues und Gutes; und das Wirtschaftliche ist in solchen Händen nicht nur in Ausnahmefällen zum Mittel für ideelle Zwecke geworden. Mehrere inhaltsreiche Briefwechsel zwischen Verlegern und Autoren geben uns Kunde von dem geistigen Anteil des Verlegers an seiner wirtschaftlichen Arbeit und an der Gedankenwelt seiner Autoren. Und diese Eigenart des Buchverlags findet im Verkehr des Handwerkers oder des Industriellen mit dem Künstler ein Gegenstück; je mehr sich das Kunstgewerbe aller Art entwickelt, um so mehr treten auch idealistische Gesichtspunkte in den Bereich des wirtschaftlichen Schaffens ein – die schöne Form wird um ihrer selbst willen geschaffen, wie ein Buch um wertvoller Gedanken willen.

Man kann noch weiter gehen und behaupten, daß mit jeder Hebung des wirtschaftlichen Lebens auch das geistige Element im Herstellungsvorgang steigen muß. Je künstlicher die Gebilde der Technik werden, um so mehr Geist wird die Voraussetzung dafür. Was Matschoß in einem Vortrag über „Die Persönlichkeit in der Technik" ausgesprochen hat: Das Bedürfnis gerade nach Persönlichkeiten in der scheinbar mechanisierenden Technik, läßt sich zu einem allgemeinen Gesetze erweitern: Die Verfeinerung der Wirtschaft bedingt ein immer stärkeres Einsetzen von ideellen Momenten, wie sie nur die geistig belebte, weitblickende Persönlichkeit geben kann. Steigerung der Wirtschaft ist Steigerung der Kultur, und jeder Fortschritt der Kultur erfordert wieder neuen Fortschritt der Wirtschaft. Aber wie dabei auch das materialistische Moment fortdauernd steigt, so können gewiß die letzten Beweggründe in vieler Hinsicht aus gegebenen Bedürfnissen, aus bloßen Notwendigkeiten entstehen, und für den erwerbstüchtigen Unternehmer wird vielleicht die ideenreiche Persönlichkeit in der Technik nur vermehrten Gewinn bedeuten sollen. Gerade im Buchverlag zeigt sich auch diese Entwicklung: wie das geschäftliche Element sich das geistige untertan zu machen und allen echten Idealismus durch Selbstsucht auszuschalten strebt. Das Verhältnis von Idealismus und Wirtschaft oder besser von Geistigem und Wirtschaft bleibt bei aller Kulturentwicklung doch schwankend: der Geist wird sich das Materielle niemals völlig unterzuordnen vermögen, aber – diese Behauptung sei zunächst nur wiederholt – auch das Materielle wird den Geist nicht schlechtweg unterzwingen.

Das Verhältnis von Wirtschaft und Idealismus ist mit solchen allgemeinen Betrachtungen noch nicht bis zum letzten Ende geklärt. Denn nicht nur nach den einzelnen Persönlichkeiten wird das Verhältnis ein verschiedenartiges sein, sondern es ist doch auch die Frage aufzuwerfen, ob nicht gerade die großen, entscheidenden Fortschritte des Wirtschaftslebens Ergebnisse des Idealismus sind, so breit auch sonst das Reich der menschlichen Selbstsucht und der Wirtschaftlichkeit im besten Sinne sein mag. Denn das Neue in der Wirtschaft ist ja keineswegs immer sofort das Gewinnbringende – sehr oft ist es zuerst nur eine Theorie, die sich nur langsam, unter dem Widerstand der Nurwirtschaftler, zum praktischen Gebrauch umformt. Die Zahl der auf wirtschaftlichem Gebiete gescheiterten und verhungerten Idealisten ist nicht gering; die Zahl der sich durch tausend Schwierigkeiten mühselig durchkämpfenden wirtschaftlichen Entdecker ist gleich groß. Oder ist das alles nur eine Einbildung der blinden Idealisten, der sanguinischen Schönfärber, die die nüchterne Wirklichkeit nicht zu sehen vermögen? Die Folge wäre freilich, daß dann alles menschliche Schaffen auf Erwerbstrieb und Selbstsucht zurückgehen müßte; denn warum sollte der Künstler, der Gelehrte, der Politiker durchaus mit anderem Maßstabe gemessen werden als der Wirtschaftler? Verbirgt sich dann nicht notwendigerweise hinter allem, was der Mensch auf den verschiedensten Gebieten hervorbringt, der selbstsüchtige Drang, das äußere Dasein zu sichern, sich die Freiheit des Schaffens zu erwerben oder auch sich zu bereichern? Jedenfalls bieten die der Wirtschaft ferner stehenden Berufe ausreichend Beispiele für einen stark entwickelten, idealfreien Erwerbssinn.

In diesen Fragenkreis gehört auch die weitere, uns beinahe anerzogene, jedenfalls uns oft genug vorgetragene Behauptung, daß nämlich in Deutschland, im Lande des Idealismus, das wirtschaftliche Leben stärker als anderswo von Ideen und Idealen befruchtet und geleitet sei. Jedes Volk betrachtet sich als besser, als ritterlicher, als geistiger, als idealistischer als das andere – der ehrliche Forscher wird sich nicht ohne weiteres von solchen Theorien blenden lassen dürfen.

Nur eingehende Untersuchungen können zur Beantwortung dieser verschiedenen Fragen führen. Es soll an dieser Stelle nichts anderes versucht werden, als auf dieses Problem hinzuweisen und einige Voraussetzungen für künftige Untersuchungen auszusprechen. Die Anregung zu solchen Gedanken geht von dem Manne aus, dem dieses ganze Buch gewidmet ist. In eigenen Darlegungen hat er sich dazu geäußert[1]), und dies Verhältnis von Idealismus und Wirtschaft hat ihn lange Zeit hindurch um so mehr beschäftigt, je klarer er sein eigenes Tun, dem Vorbild seiner Vorfahren folgend, in den Dienst idealistischer Gedanken zu stellen strebte, ohne doch dabei zum Phantasten gegenüber der nüchternen Wirklichkeit zu werden.

So lenkt das Beispiel dieses Mannes gleich zur ersten Frage hin: wie sich der Einzelne zur Schaffung wirtschaftlicher Werte verhält und ob wir überhaupt ein sicheres eindeutiges Material zur Beantwortung besitzen. Das geistige Leben von Unternehmern ist neuerdings durch Biographien, bei Verlegern auch durch Briefwechsel mit Autoren uns erschlossen worden. Zu gewissen Ergebnissen ist doch wohl zu gelangen. Noch sind diese Quellen nicht allzu zahlreich, und mancher große Unternehmer fehlt darunter noch, in dessen innerste Absichten und Triebkräfte wir gern einen tieferen Blick werfen möchten. Aber die Biographien von Friedrich und Alfred Krupp, von Harkort, v. d. Heydt, Mevissen, Abbe, Friedrich List und anderen, die Selbstbiographien von Siemens, Max Eyth, die biographischen Nachrichten über Cotta, B. G. Teubner, F. A. Brockhaus u. a. legen doch schon ein in vieler Hinsicht ausreichendes Zeugnis ab. Bei den Genannten ist es überall kaum zweifelhaft, daß ihr Idealismus über irgendwelcher Gewinnsucht stand. In ihnen allen verbinden sich Kulturziele, nationale Hoffnungen, technische Ziele mit ihrer wirtschaftlichen Arbeit. Bei allen großen Erfindern bis hin zum Grafen Zeppelin stand die Verwirklichung der Idee ja immer über jedem wirtschaftlichen Erfolg; der wirtschaftliche Mißerfolg, der andere ab-

1) Alfred Giesecke, Wirtschaftsleben, Idealismus und Schule (Neue Jahrbb. für Pädagogik, Bd. 38, 1916, II. Abt., S. 500–503).

geschreckt hätte und der den nüchternen Kritikern Recht zu geben schien, hat ihre Tatkraft nicht gebrochen, sondern sie nur zur Verbesserung ihrer Versuche angetrieben. Beim Grafen Zeppelin haben wir es selber miterlebt, von Friedrich Krupp, dem Vater Alfred Krupps, berichtet es uns seine Biographie, daß er seinen Versuchen alles opferte, weil der Idealismus in ihm größer war als der Sinn für Wirtschaftlichkeit. Der Sohn Alfred Krupp, der Erbe der väterlichen Gedankenwelt, aber noch tatkräftiger und praktischer veranlagt, war erfüllt von dem technischen Gedanken, „Fabrikate, namentlich Geschütze von höchster Leistungsfähigkeit zu erzeugen". Er hat diesen Gedanken lange Zeit über jeden ruhigen Erwerb gestellt, hat jede Not getragen und nur auf seine Ziele gesehen. „Lieber setzte er schon in seiner Jugend sein ganzes kleines Vermögen an die Ausführung einer einzigen Idee, als daß er aus Geldrücksichten auf technische Vorteile verzichtete." Eine geistvolle Konstruktion, die Durchführung eines wissenschaftlich erdachten Gedankens war ihm mehr als ein materieller Erfolg. Bezeichnend dafür ist die Konstruktion der Löffelwalze, wo ihm die großen Kosten gleichgültig, die technische Verwirklichung alles war. Alfred Krupps Blick schweifte ins Weite und Große – die Wirtschaft war ihm nur die Möglichkeit zur Verwirklichung bestimmter Ideen auf technischem und auf sozialem Gebiete.[1]) Das große Vermögen, das ihm schließlich die geglückten Versuche einbrachten, war nie das Ziel seines Strebens gewesen.

Ein anderer großer Bahnbrecher, Friedrich List, ist ein ebenso bezeichnendes Beispiel: auch ihn trieb nur die Idee, während der Gewinn ihm gleichgültig war. Sein Fanatismus für die Idee arbeitet sogar dem wirtschaftlichen Moment entgegen – er war kein leichter und niemals ein dauerhafter Mitarbeiter bei der Durchführung seiner eigenen Pläne. Er hat nur einmal, während seines amerikanischen Aufenthaltes, sich in gewinnbringender Stellung befunden, und man suchte ihn auf alle Weise darin zu halten, aber er ließ alles im Stich, um in Deutschland (wo man ihn schlecht genug behandelt hatte) von neuem für seine Ideen zu wirken.

Bei den rheinischen Unternehmern der beginnenden Industrieperiode, vor allem bei Gustav Mevissen, ist der Zug ins Geistige deutlich erkennbar. Mevissen war (wie uns seine von Joseph Hansen geschriebene

1) Vgl. für Alfred Krupp das Buch von Ehrenberg, Große Vermögen (Jena 1905[2]) S. 194ff.

Biographie zeigt) niemals bloßer Wirtschafter, obwohl ihm die rheinische Wirtschaft die größten Antriebe im Bankwesen, für Schiffahrt, Eisenbahn und Bergbau verdankt. Schon als junger Kaufmann ist er zugleich Dichter, ist beschäftigt mit geschichtlichen und philosophischen Studien, und seine spätere politische Tätigkeit wurzelt im liberalen Idealismus. Als er später zu einem der größten Unternehmer des Rheinlands aufgestiegen ist, widmet er sich der regsten Förderung von Wissenschaft und Kunst – die „Gesellschaft für rheinische Geschichtskunde" dankt ihm Gründung und materielle Bewegungsfreiheit, der Plan einer Technischen Hochschule in Köln ist von ihm ausgearbeitet worden und ebenso der Plan einer Handelshochschule. Sein Leben schwankt nicht zwischen verschiedenartigen Interessen, sondern praktische Tätigkeit und Idealismus sind ihm die Einheit seines Lebens, und er wußte, was wissenschaftliche Einrichtungen, wie Technische Hochschulen usw., der Wirtschaft bedeuteten. Wirtschaft und Geist waren ihm untrennbare Lebensgebiete. Er wurde nicht Mäcen, nachdem ihm die Wirtschaft die Mittel dazu gebracht hatte, sondern er war von Anfang an von dem Glauben an die notwendige Verbindung von Wirtschaft und Geist erfüllt. Schon als Vierzigjähriger sah er es für anormal an, daß in Koblenz die Regierung, in Bonn die Wissenschaft, in Düsseldorf die Kunst und in Köln Industrie und Handel ihre Stätte hatten; er meinte: „das Geistige muß mit dem materiellen Leben in Einklang" gebracht werden. Aus ähnlichen Gedankengängen heraus war „der alte Harkort" in Westfalen ein Vorkämpfer für Wirtschaft und Schulreform.

Bei den beiden größten Industriellen Nürnbergs und Bayerns in der vorletzten Generation, bei Lothar Faber und Theodor Cramer-Klett, schweift der Blick des erfolgreichen Wirtschafters genau so ins Geistige hinüber: Faber schrieb 1879 in einer Denkschrift über die Zukunft Nürnbergs, daß der sichere Aufschwung des Gewerbes „auf der Erziehung und Bildung der Jugend für sittliche und ideale Bestrebungen und auf der Verbesserung der Schulen" beruhe. Er forderte die Errichtung eines Polytechnikums in Nürnberg, die Verlegung der Universität von Erlangen nach Nürnberg und die Einrichtung eines Gewerbemuseums. Cramer-Klett aber stiftete bereits 1867 über 400000 Mark für eine Technische Hochschule in Nürnberg. Um ein letztes Beispiel aus der großen Industrie zu nennen: wer wollte dem einstigen Führer der Zeißwerke, W. Abbe, den Idealismus bestreiten?

Die Verleger und Buchhändler sind idealistischen Gedankengängen jederzeit besonders stark aufgeschlossen gewesen. Breitkopf, der Freund Gottscheds, Cotta, der Freund der größten unter den Klassikern, Palm, das Opfer Napoleons, Fr. A. Brockhaus, der Vorkämpfer deutscher Einheit und Bildung, Friedrich Perthes, der deutsche Patriot, der auf die politische Erziehung der Nation hinarbeitete, C. Geibel, der Freund Leopold Rankes und wie viele andere bis hin zu Georg Hirth und Eugen Diederichs ließen sich nennen! Und unter den Leipziger Verlegern dieser Art darf der Zeitgenosse von Fr. A. Brockhaus nicht fehlen: der Gründer des Hauses Teubner, Benedikt Gotthelf Teubner, den seine Verbindung mit Wilhelm Dindorf zur Begründung der Bibliotheca Teubneriana führte, in der er weit mehr ein geistiges als ein wirtschaftliches Unternehmen sah. Ist es ein bloßer Zufall, daß der Urenkel dem Gründer des Verlags an Unternehmungsgeist und Vielseitigkeit ähnlich ist – gehen hier nicht unsichtbare geistige Fäden von Geschlecht zu Geschlecht und lassen immer wieder alte Einschläge hervortreten?

Der nüchterne Realist könnte urteilen, auch das Geistige habe bei allen diesen Männern bewußt oder unbewußt im Dienste der Wirtschaft gestanden. Aber wenn man bei den gescheiterten Wirtschaftern, bei Friedrich Krupp, bei Friedrich List, bei Palm solche Behauptung unmöglich beweisen kann, so steigt auch die Wahrscheinlichkeit zur Gewißheit, daß gerade die größten und wagemutigsten Unternehmer in erster Linie der Idee oder doch in engster Verbindung der Idee und der Wirtschaft gedient haben. Die Wirtschaft kann bloßes Erwerbsgebiet sein: bei den wahren Führern der Wirtschaft steht sie im Dienste von Ideen, die in der Wirtschaft nur einen Teil des Zieles sehen. Auch die Wirtschaft geht zuletzt aus vom menschlichen Geiste, und ihre großen Fortschritte sind stets Ergebnisse eines vom Erwerbsinn unabhängigen schöpferischen Denkens gewesen; seitwärts davon und im kleinen hat der Erwerbsinn seine Orgien gefeiert. Der Wille zum Neuen, die Freude an der Entdeckung, die Hoffnung auf Verbesserung der vorhandenen Wirtschaftsformen, die Unabhängigmachung des eignen Landes von den Erzeugnissen eines andern – das alles sind idealistische Gesichtspunkte, bei denen der rein wirtschaftliche Sinn keine Rolle spielt.

Der Beruf des Verlegers steht in seiner Tätigkeit dem Geistigen näher als irgendein anderer Wirtschaftszweig. Will er den geistigen Bedürfnissen seiner Käufer gerecht werden, so muß er das geistige Leben in seiner Entwicklung verfolgen und vorausfühlen, was der kommende Tag erfordern wird. Er kann es tun, indem er den geringwertigsten geistigen Wünschen nachgeht oder das Geistige zur Befriedigung der niedrigsten Bedürfnisse entwickelt: die Herstellung literarischen Schundes ist eine Tätigkeit, die sich von dem wahren Beruf des Verlegers am weitesten entfernt. Aber von dieser häßlichen und auf den gewöhnlichsten Erwerbsinn eingestellten Tätigkeit abgesehen, ist der Verleger der unentbehrliche Vermittler zwischen dem wahren Schriftsteller und dem Publikum. Je mehr der Verleger sich den obersten Zonen der geistigen Arbeit nähert, je mehr er den bedeutendsten Schriftstellern in Wissenschaft und Literatur zu dienen strebt, um so mehr wird auch sein Schaffen in die Sphäre dieser schöpferischen Tätigkeit hineingezogen. Der Erwerbsinn wird den Verleger nicht befähigen, das Bedeutende zu erkennen und seinen Verlag in den Dienst einer geistigen Richtung zu stellen – hier heißt es Mitfühlen, Mitdenken, Mithoffen, Mitwagen. Vielleicht daß er bei der geistigen Entscheidung auf spätere materielle Erfolge hofft – aber die Entscheidung selber muß doch mit geistiger Einstellung gefällt werden. Verleger dieser Art müssen geistige Persönlichkeiten sein. Das Auf- und Absteigen mancher Verlage erklärt sich daraus, daß die Söhne das geistige Erbe ihrer Väter nicht bewahrt haben und nur Geschäftsleute sein wollen – in kurzer Zeit pflegen solche Verlage aus führender Stellung auszuscheiden und zu verkümmern. Daß es mit dem Geistigen allein nicht getan ist, wird man nicht bestreiten; der praktische Sinn des Kaufmanns muß sich hinzugesellen, wenn die geistige Anregung zu wirtschaftlichen Ergebnissen führen soll. Aber auf der geistigen Einstellung des Verlegers beruht die Mitwirkung, ja die gestaltende Mitwirkung am geistigen Leben der Zeit, und das ist sein wahrer und großer Beruf.

Der Beweis für solche Anschauung ruht nicht nur in den Verlegerpersönlichkeiten, die zuvor schon genannt worden sind. Auch nicht darin, daß unverhältnismäßig viele Verleger zugleich Schriftsteller gewesen sind, weil ihr geistiges Leben nach selbständigem Anteil an Wissenschaft und Literatur drängte. Sondern am stärksten zeigt sich die geistige Richtung der Verleger wohl darin, daß sie ihre Arbeit – ob sie nun Gewinn oder Verlust einbringe – auf die Förderung einer ganz bestimmten Ideenwelt eingestellt haben. Seit der Buchdruck erfunden worden ist, gehen solche rein idealistischen Unternehmungen neben den andern, die den gegebenen Bedürfnissen dienen, einher. Schon die Herstellung der schönsten Druckwerke – eine Sache künstlerischen Empfindens – ist ein Stück Idealismus, der nur zum Teil mit Gewinn verbunden ist. Vor allem aber die Teilnahme an den religiösen Kämpfen hat neben den Nutznießern der geistigen Konjunktur zahlreiche Märtyrer geschaffen – die Verleger hugenottischer Schriften haben ihr Leben gewagt, und auch in Deutschland ging es bei vielen um das geschäftliche Dasein, wenn sie dem Bekenntnis des Landesherrn widerstrebten. Der Stand der Verleger hat religiöse, politische und geistige Märtyrer hervorgebracht, und die Reihe derer wird nicht abreißen, die dem Unpopulären, dem Verfemten und Verbotenen dienen wollen. Andere aber setzen sich mit ganzer Kraft für Gebiete ein, zu denen ihr Innerstes neigt und deren Erweiterung ihnen zur Lebensaufgabe wird: auch bei ihnen steht das Geistige über dem Sinnen auf Erwerb.

Wer nun behaupten wollte, daß diese Betrachtungen allzusehr auf Ausnahmen, auf bestimmte Einzelpersönlichkeiten zugeschnitten seien, würde nicht allzu weit vom Ziele treffen. Denn auch bei den Verlegern sind die starken und schöpferischen Persönlichkeiten nicht in der Überzahl. Aber die Richtung, die gerade sie dem ganzen Stande gaben, ist wesentlich: sie waren Beispiel, und sie gaben dem Stande eine Überlieferung, die für manchen zur festen Bindung wurde. Und einen Mann, durchdrungen von den höchsten Überlieferungen seines Standes, will diese Festschrift zeigen: auch er soll beweisen, was man von den Besten seines Standes sagen kann.

In mancher Unterhaltung früherer Jahre ist der Gegenstand dieser kleinen Abhandlung mit Dr. Giesecke, mit dem Freunde und Weggenossen, durchgesprochen worden. Täuschte auch er sich über sich selber, wenn er den Idealismus grundsätzlich über die Wirtschaft stellte und nach idealistischen Gesichtspunkten zu handeln glaubte? Sein Leben widerlegt den Zweifel – wenn anders man die letzten Beweggründe unseres Handelns überhaupt zu erfassen vermag.

Das Vaterhaus in Plagwitz, das noch ein Stück ländlicher Stille abseits von der werdenden Großstadt bedeutete, gab ihm gewiß den ehrenfesten Sinn, die Pflichttreue, die Berufsethik und geistige Interessen mit auf den Lebensweg, aber schon der Student nahm Neues in sich auf, das der älteren Generation fremd war. Der buchhändlerische Beruf trat ihm wohl im Vater in vorbildlicher Form entgegen, aber verbunden mit den patriarchalischen Anschauungen und der ruhigen, nervenschonenden Tätigkeit, die im 19. Jahrhundert möglich war. Nach einem sorgenlosen und wanderungsreichen ersten Semester in Freiburg, nach dem Einjährigenjahr in Darmstadt und einem weiteren Studiensemester in Bonn wurde die Leipziger Universität zur Stätte entscheidenden Reifens. Unter Ribbeck, Lipsius und Wachsmuth entwickelte sich der junge Philologe zum ausgeprägten Humanisten; unter Lujo Brentanos Einfluß wurde der Staatsbürger fortschrittlicher Richtung und der Sozialpolitiker, der sich durch keine „Unternehmerlogik" jemals wieder von dem Blick über das Ganze von Staat und Wirtschaft und von dem gleichen Recht für alle innerhalb der Wirtschaft abdrängen ließ. Brentanos Einfluß war wohl stärker als der irgendeines anderen akademischen Lehrers: der Humanismus war Bewahrer einer ehrwürdigen und ewig jungen Überlieferung, der „Kathedersozialismus" Brentanos war der Geist einer neuen Zeit. Als der Doktor in Leipzig bestanden und ein buchhändlerisches Lehrjahr in Kiel absolviert war, erfolgte im November 1892 der Eintritt in das Haus Teubner, dem damals der Großvater mütterlicherseits vorstand; einige Jahre später wurde er Mitbesitzer der Firma. Die philologische Ausbildung bestimmte ihn zum Leiter der philologischen Abteilung des Verlags – der junge Gelehrte, der er gern gewesen war, wandelte sich zum Verleger, und er verband fortan die Kenntnis der wissenschaftlichen Probleme mit dem Blick für die praktischen Fragen des philologischen Unterrichts. Der große Verlag gewährte ihm die Fühlung mit den Führern der philologischen Wissenschaft und mit den besten Schulmännern des Landes; die Gelegenheit, von beiden Seiten zu lernen, war gegeben, und sehr bald wurde aus dem Lernenden ein hilfreicher Berater in Wissenschaft und Praxis. Die Aufsätze dieser Festschrift beschreiben die Tätigkeit von 35 Jahren; der Freund, der diese Tätigkeit aus der Nähe und aus der Ferne beobachtete, konnte jederzeit feststellen, daß sich ein vielseitiger Idealismus von keiner Aufgabe abschrecken ließ, die der Wissenschaft oder dem Leben zu nützen versprach, auch wenn sie Opfer und Enttäuschungen brachte. Wie verständnisvoll hat der Philolog die bedeutsamsten Aufgaben seiner Wissenschaft betreut, wie freudig zog er Geschichte und Kunstgeschichte, Geographie und Philosophie, Theologie und Religionswissenschaft in den Kreis seiner Verlagswerke hinein, wie weitblickend stellte er sich selber die Aufgaben der Volksbildung und der staatsbürgerlichen Erziehung! Was ihn selber geistig beschäftigte, wurde ihm zur Aufgabe seines Verlags, und seine innere Weiterentwicklung spiegelte sich in nicht geringem Maße in diesen von Jahr zu Jahr sich mehrenden und erweiternden Unternehmungen. Fast immer ging der geistige Prozeß voraus, ehe sich ein neues geschäftliches Werk gestaltete; trat es von außen her an ihn heran, so war er vorbereitet zu jeder Auseinandersetzung und zur Entscheidung nach der Güte der Idee, nicht nach der Größe des zu erwartenden Gewinns. Wie viele, die seine Freunde waren oder die es durch Beziehungen zu seinem Verlage wurden, haben diese Erfahrung gemacht, daß die geschäftliche Kalkulation die letzte seiner Erwägungen war, wenn es sich um geistig Bedeutsames handelte. So entstanden im Dienste der Volksbildung die große Sammlung „Aus Natur und Geisteswelt", so wurde als Zusammenfassung der geistigen Strömungen die „Kultur der Gegenwart", so entstanden als Mittel zur Hebung des künstlerischen Geschmacks die Steindruckblätter, die in jede Schule und beinahe in jedes Haus eingedrungen sind.

Kam so die eine Wurzel seines Idealismus vom Vaterhause und dem philologischen Studium her, so lag die andere in der Lebensanschauung, die sein gesamtes berufliches Wirken umfing. Von Brentano zu Friedrich Naumann ging der Weg einer vielköpfigen jungen Schar, die in den 80er Jahren studiert hatte und dann ins deutsche Leben hinausgetreten war: Dr. Giesecke gehörte zu diesen Idealisten, die sich unter der Parole national und sozial zusammenfanden und die sich eine Volkswirtschaft ohne sittliche Gesetze nicht denken konnten. Man suchte sich praktisch zu betätigen: Dr. Giesecke gehörte zu den Gründern der Leipziger volkstümlichen Symphoniekonzerte in der Alberthalle, zu den Mitbegründern der volkstümlichen Hochschulkurse, zu den Leitern der Sozialwissenschaftlichen Vereinigung, zu den Förderern des Vereins Arbeitsnachweis, aus dem sich später der städtische Arbeitsnachweis entwickelte. Ein Unternehmer mit diesen sozialpolitischen Anschauungen, mit dem Glauben an die berechtigte Selbsthilfe des Arbeiters, gehörte damals noch mehr als heute zu den weißen Raben seines Standes, und man hätte ihn gern als Phantasten verurteilt, wenn er nicht zugleich ein so erfolgreicher Praktiker gewesen wäre. Durch die Jahrzehnte hindurch sind ihm diese Ideen lebendig geblieben, bereichert durch neue Gedankengänge auf Nachbargebieten, im Kerne niemals verändert, aber bereitwillig neuen Zeiten angepaßt. Der Anhänger Brentanos und Naumanns fand seinen Platz im Herbst

1918 folgerichtig auf der Seite der Demokratie und der Republik, der philologische Fachmann ging mit den Männern weitgehender Umgestaltung unseres Unterrichtswesens, der suchende, im großen Weltgeschehen lernende Mensch suchte sich Rechenschaft vom Diesseits und Jenseits zu geben. War es die Nachwirkung geistlicher Vorfahren, die einst im Erzgebirge und in der Merseburger Gegend, in der Mark Brandenburg und in Wiederitzsch bei Leipzig Pfarrer gewesen waren? War es die Einwirkung Friedrich Naumanns, der Mitte der 90er Jahre den sozialen Sinn verstärkt und den religiösen befruchtet hatte? War es zugleich die ähnliche Richtung Bonhoffs, des Predigers an der Leipziger Reformierten Gemeinde, aus dessen freigesinnter Verbindung von Religion und Leben dauernde Anregungen hervorgegangen waren? Jedenfalls war es nur reif Gewordenes, aber längst Gepflegtes, was 1927 in seinem Buche über „Religion und Kirche – und Jesus" hervortrat und ihn zu praktisch kirchlicher Tätigkeit führte. Der Geist Goethes, den auch ihm der einstige Rektor der Leipziger Thomasschule, Emil Jungmann, eingeimpft hatte, geleitete die religiösen Gedanken in das Gebiet der Freiheit hinaus. Und so kann man sagen: Mußte er Verleger und Geschäftsmann sein, so stellte sich doch ein Reich der Ideen daneben und darüber – Idealismus und Wirtschaft schlossen einen Bund, aus dem sich ein volles Leben entwickelte, reich an Früchten aller Art, reich auch an stillem, freigebigstem Wohltun, weil dieses Leben nicht nur geistige, sondern auch sittliche Tat sein wollte.

Der Freund reicht dem Freunde diese Zeilen – fünfzigjährige Freundschaft verbindet uns in der Zeit, wo wir beide den 60. Geburtstag erleben. Aus dem gemeinsamen Schulweg ist ein gemeinsamer Lebensweg geworden, aus Liebe und Streit der Jugend die Harmonie echtester Freundschaft. Was wir zu schaffen versuchten, war ein schlichter Beitrag zu dem Leben, das uns als Familie, Volksgemeinschaft, Menschheit umflutet. Wir selber glaubten unsere Pflicht zu tun und dabei hohen Zielen nachzustreben, soweit die Kräfte reichten. Unzählige haben es vor uns, haben es mit uns getan, Unzählige werden es nach uns tun. Das ewige Rätsel des Lebens erschloß sich uns in dem Glauben, daß der tiefste Sinn des Lebens die Arbeit an uns selber und an den Andern ist.

DER VERLAG B. G. TEUBNER
UND DIE ALTERTUMSWISSENSCHAFT

VON

EDUARD NORDEN

An der Ehrung eines Mitinhabers der Firma B. G. Teubner sich zu beteiligen, in dessen Verlage die Opuscula philologischer Größen wie Boeckh und Ritschl, Bücheler und Usener erschienen sind, ist für einen Philologen Ehre und Freude. Schon auf der Schulbank waren ihm die mit dem Verlagssignet 𝔅𝔊 gekennzeichneten Textausgaben liebe Freunde geworden, die ihm ihre Treue in den Studienjahren bewahrten, ihn dann in sein wissenschaftliches Leben hinausbegleiteten, um den Grundbestand seiner Bibliothek zu bilden. In dieser stehen dann wohl die alten Gymnasiastenexemplare, in die er sich per nefas Vokabeln über den Zeilen notiert hat, und die Studentenexemplare, am Rande mit den Emendationen seiner akademischen Lehrer geschmückt, neben den allerneuesten, die er nun in seine eigenen Vorlesungen mitnimmt und in den Händen seiner Zuhörer vor sich sieht. Die Namen der Editoren haben oft gewechselt, derjenige des Verlags ist eine unveränderte Größe geblieben. Wer den Namen Teubner ausspricht, denkt zunächst an die „Bibliotheca scriptorum Graecorum et Romanorum", deren Bändezahl jetzt das halbe Tausend erheblich überschritten hat. Anfänglich beschränkte sich die Sammlung auf die „Klassiker" im engeren Wortsinne; dann wurde ihr nach und nach das Ziel gesteckt, den gesamten Besitzstand der antiken Literatur zu umfassen: sind doch unter der neuen Leitung sogar einige byzantinische Schriften sowie solche des lateinischen Mittelalters und der Humanistenzeit aufgenommen worden. Aber nicht der Umfang allein bildet den Ruhm dieses bedeutenden Unternehmens, sondern auch sein innerer Wert, und gerade für zeitgemäße Verbesserung wurde in den letzten Jahren Fürsorge getroffen. Die Loslösung des kritischen Apparates von den Texten war ein Mißstand, der sich aus dem ursprünglichen Plane des Unternehmens fast mit Notwendigkeit herausgebildet hatte: waren doch anfänglich nur Ausgaben für Schulzwecke vorgesehen, für die ein Apparat unter dem Texte entbehrlich erschien. Hierin Abhilfe zu schaffen, erwies sich um so notwendiger, als das Unternehmen der „Scriptorum classicorum bibliotheca Oxoniensis" sich mehr und mehr Erfolg verschaffte. Durch ihre zeitgemäße Umgestaltung hat die Teubneriana den gefährdeten Posten längst wiedergewonnen: der Vergleich etwa der alten Ciceroausgabe von Reinhold Klotz (1850–57), die dann C. F. W. Müller überarbeitete, mit der neu erscheinenden, die in den Händen eines ganzen Konsortiums namhafter Gelehrter liegt, oder die ebenfalls neu erscheinende Plutarchausgabe zeigt an zwei beliebig gewählten, leicht zu vermehrenden Beispielen den Fortschritt. Als erwünschte Neuerung ist auch die Einrichtung zu begrüßen, daß gelegentlich an schwierigen Textstellen im Apparat knappgehaltene Hinweise zum richtigen Verständnisse geboten werden, z. B. in der Form von Hinweisen auf Parallelstellen desselben Autors oder durch stichwortartige Glossen und gedrängte Paraphrasen; etwa die Ausgaben der „Anthologia lyrica Graeca" von Diehl, die des Caesar von Alfred Klotz, des Tibullus von Levy, des Apuleius von Helm bieten schöne Beispiele dieses Verfahrens. Hierdurch wird oft mehr gewonnen als durch eine Aufzählung problematischer Besserungsversuche. Es darf daher vielleicht der Wunsch geäußert werden, daß von diesem den Raum nur unerheblich belastenden und doch für den Leser dankenswerten Mittel dauernd Gebrauch gemacht werde, zumal bei solchen Autoren, die nie oder doch in absehbarer Zeit nicht Aussicht haben, kommentiert oder in großen, mit umfangreicheren kritischen Noten versehenen Ausgaben vorgelegt zu werden. Daß auf die neuen Ausgaben auch sonst die Grundsätze Anwendung finden, die Stählin in seinem gehaltvollen editionstechnischen Büchlein aufgestellt hat, versteht sich von selbst. Die führende Stellung der „Bibliotheca" würde es rechtfertigen, wenn innerhalb der herkömmlichen Kapiteleinteilung, die natürlich nicht (oder doch nur in besonders gearteten Ausnahmefällen) geändert werden darf, zur Erleichterung des Zitierens Paragraphenbezeichnung, wo sie noch nicht vorliegt, eingeführt würde. Beispielsweise ist es zu bedauern, daß in der neuen, verdienstvollen Tacitusausgabe von Andresen diese Gelegenheit, einem oft empfundenen Übelstande abzuhelfen, verabsäumt wurde; denn mit Zitaten nach Zeilenzahlen, die auf den Druck anderer Ausgaben nur schwer übertragbar sind, ist nichts Rechtes anzufangen. Mag auch in solchen Fragen letzten Endes der Herausgeber den Ausschlag geben, so bleibt doch zu wünschen, daß in diesen editionstechnischen Dingen die Initiative des Verlages über philologische Bedenklichkeiten hinweghülfe. Als zeitgemäße Neuerung ist die Ausgestaltung der Indices zu begrüßen; freilich ist hierbei den oft zuweitgehenden Wünschen der Herausgeber und Benutzer durch praktische Notwendigkeiten eine Grenze gezogen. Alles in allem darf man der „Bibliotheca Teubneriana" auch weiterhin eine günstige Prognose stellen: Wissenschaftlichkeit, Akribie, eine von vielen Philologengenerationen geprägte und vervollkommnete Methodik sichern ihr den Besitzstand alten, stets neu verdienten Ruhmes.

Um die „Bibliotheca", die, wie sie der Ausgangspunkt des philologischen Verlags Teubner war, so auch dauernd sein Mittelpunkt geblieben ist, gruppieren sich die übrigen Publikationen, darunter der „Bibliotheca" nächstverwandt die großen kritischen Ausgaben, die sich zu den handlichen Bändchen jener verhalten wie ein schwerbefrachteter Handelsdampfer zu einer eleganten Brigg. Als Umschlagstellen der Waren, die solche Frachtschiffe in sich bergen, kommen weniger die Privatbibliotheken einzelner (es seien denn Spezialforscher) als die großen öffentlichen Bibliotheken oder die der Universitätsseminare in Betracht. Der Absatz ist daher begrenzt; ein buchhändlerischer Gewinn, zumal im Verhältnis zu den – trotz Unterstützung einzelner Werke durch die Notgemeinschaft der deutschen Wissenschaft – immer noch beträchtlichen Herstellungskosten, ist kaum zu erzielen; aber der Verlag hat die Veranstaltung solcher Ausgaben frühzeitig als sein nobile officium im Dienste der Wissenschaft anerkannt. Ritschls große Plautusausgabe hatte diese Serie einst eröffnet, eine besonders gewichtige waren die „Grammatici Latini" von Keil. Diesen Schöpfungen sind unter Dr. Gieseckes Ära ebenbürtige, wie etwa der Schrödersche Pindar, das „Corpus glossariorum Latinorum", Ausgaben von Briefen und philosophischen Schriften Ciceros, von Varro „De lingua Latina" und den sallustischen Historienfragmenten, vom „Onomastikon des Pollux" und „Etymologicum Gudianum", dem jetzt auch der Suidas sich anreiht, von dem Nachlasse Epikurs und der Stoa an die Seite getreten. Ja einer noch größeren Aufgabe hat sich der Verlag zugewandt: dem von den Akademien zu Berlin, Kopenhagen und Leipzig unternommenen „Corpus Medicorum Graecorum", begleitet von seinem lateinischen Parallelwerk, dem „Corpus Medicorum Latinorum"; über dieses Unternehmen berichtet Ilberg in einem besonderen Beitrag der Festschrift.

Die Zeit, wo der Bestand der antiken Literatur – von ihrer Vermehrung durch neue Funde und weiten Gebieten des Christlichen abgesehen – kritisch inventarisiert sein wird, scheint in Sichtweite gerückt. Mag auch die recensio durch neue Beurteilung des Handschriftenverhältnisses noch mancher Wandlungen fähig sein, mag ferner auch die emendatio ihrem Wesen nach ein *ἄπειρον* im guten Sinne des Wortes und daher die Aussicht, daß die Zukunft neue Textausgaben fordern werde, begründet sein, so geht doch die Bestandaufnahme der Überlieferung als solche allmählich ihrem Ende entgegen, es sei denn daß neue photographische Reproduktionsarten Überraschungen nicht bloß für Palimpseste, sondern auch für schwer lesbare Handschriften überhaupt bescheren könnten. Voraussichtlich werden sich daher die nächsten Philologengenerationen vorzugsweise der Exegese, der sprachlichen sowohl wie der analytischen und ästhetischen, zuwenden, und der Verlag wird sich, wie er es stets verstanden hat, mit den Wissenschaftserfordernissen in Wechselwirkung zu treten, die Pflege auch dieses Zweiges angelegen sein lassen. In der „Sammlung wissenschaftlicher Kommentare zu griechischen und römischen Schriftstellern", die aus Dr. Gieseckes eigner Anregung hervorging, ist eine aussichtsvolle Bahn beschritten worden: Kaibel, der sie 1896 mit dem Kommentar zur sophokleischen „Elektra" inaugurierte, hat auch in Leitsätzen die Ziele gewiesen. Infolge der Ungunst der Zeiten ist dieses Unternehmen seit Schröders Kommentar zu den pindarischen „Pythien" (1922) ins Stocken gekommen. Ohnehin kann es nicht die Aufgabe sein, die antiken Schriftwerke, und selbst nicht einmal die „Klassiker", in ihrer Gesamtheit so ausführlich durchzukommentieren: die Texte würden sonst durch die Kommentare erstickt und das Gegenteil von dem erreicht werden, was immerdar der Anfang war und das Ende bleiben muß, die schöpferische Lektüre der Schriftsteller selbst. Es wird sich also in den meisten Fällen – berechtigte Ausnahmen behalten ihre Eigengeltung – nur um eine nach bestimmten Gesichtspunkten getroffene Auswahl handeln können. Die bedeutendsten Dichter und Prosaiker werden mit einem oder dem anderen ihrer Werke oder, wo diese aus größeren Bücherkomplexen bestehen, einem charakteristisch ausgewählten Buche, gegebenenfalls auch einer gruppenartigen Auswahl mehrerer Einzelgedichte (wie etwa bei Horaz) oder (bei Prosaikern) inhaltlich zusammenhängender Abschnitte vertreten sein müssen. Beispielsweise könnte ich mir denken, daß der „Tiberius" oder das „Dreikaiserjahr" des Tacitus so kommentiert würde: unter den lateinischen Text jeweilig die griechische Parallelversion des Dio Cassius oder des Plutarch, dann eine die Kunst des Schriftstellers im Großen und Einzelnen schrittweise analysierende Exegese. Daneben ließe sich vielleicht die Gangbarkeit eines anderen Weges erwägen. Gustav Roethe, der humanistisch feingebildete Mann, äußerte mir gegenüber einmal etwa folgende Gedanken. „Die klassischen Philologen können uns germanistischen nicht zumuten, ihre großen Kommentare durchzuarbeiten; andrerseits haben wir Vertreter verwandter Wissenschaftszweige ein schmerzliches Gefühl des Verlassenseins, wenn wir uns antiken Texten ohne jede Wegeführung gegenübersehen; beispielsweise kommen wir, um nur bei dem Lateinischen zu bleiben, ohne die Lektüre des Plautus und Terenz, des Vergil und Horaz, der Elegiker, des Martial und Iuvenal, auch des Tacitus und Apuleius nicht aus. Sie sollten einmal ein Unternehmen ins Werk setzen, durch welches diesem Notstande ein Ende bereitet würde: ganz knappe, aber keiner wirklichen Schwierigkeit aus dem Wege gehende Noten, die dem Verständnisse humanistisch gebildeter Leser dienen, aber jedes fachlich Philologische und rein Schulmäßige beiseite lassen. Etwas Derartiges könnten natürlich nur solche Exegeten leisten, die wirklich auf der Höhe ihrer Wissenschaft stehen, also den Blick für das Wesentliche und Charakteristische besitzen und das Notwendige von dem Zufälligen zu scheiden wissen." Diese Gedanken scheinen mir einer Prüfung seitens eines so weitsichtigen Verlages wie des Teubnerschen, gerade auch unter seiner gegenwärtigen Leitung, wert zu sein.

Es kann nicht die Aufgabe dieser Skizze sein, mit gleicher Ausführlichkeit zu zeigen, wie sein jetziger Leiter mit Erfolg bemüht gewesen ist, neuen Aufgaben der philologischen Wissenschaft Verständnis, Mühewaltung und Opferbereitschaft entgegenzubringen; es möge genügen, auf die Begründung des „Archivs für Papyrusforschung", der „Byzantinischen Zeitschrift" und des „Byzantinischen Archivs", des „Archivs für Religionswissenschaft", auf die vornehmlich an studentische Kreise sich wendende „Einleitung in die Altertumswissenschaft" (ein ganz originaler Gedanke Dr. Gieseckes) und die Neubearbeitung des Lübkerschen „Reallexikons" hinzuweisen. Das imposante Unternehmen der „Kultur der Gegenwart" konnte unter den schwierigen Verhältnissen leider nicht zu Ende geführt werden, aber die philologische Wissenschaft wird es Dr. Giesecke dauernd Dank wissen, daß es ihm im Verein mit dem organisatorisch hochbegabten Herausgeber des Werkes Paul Hinneberg gelang, Wilamowitz für die griechische, Leo für die lateinische Literatur, Wackernagel und Skutsch für die griechische und lateinische Sprache zu gewinnen. Nur auf ein Unternehmen größten Stils sei es erlaubt, etwas genauer einzugehen, weil Dr. Gieseckes Name mit ihm in mehr als einer Hinsicht verknüpft ist, den „Thesaurus linguae Latinae". Nachdem der alte, von Halm und Ritschl im Jahre 1858 aufgestellte Plan sich nicht hatte verwirklichen lassen, wurde er in den achtziger Jahren von Wölfflin und Hertz wiederaufgenommen. Das „Archiv für lateinische Lexikographie und Grammatik" bereitete ihn im Jahre 1884 vor und begleitete ihn lange auch während der Zeit seiner Ausführung, für die 1893 das Entscheidungsjahr wurde. Aus den mir vorliegenden Protokollen ergibt sich, daß Dr. Giesecke an einer Kommissionssitzung, in welcher der Arbeitsplan und die Ausführungsmöglichkeiten beraten wurden, teilnahm.

Nächst der „Bibliotheca" hat kein anderes Unternehmen den Ruhm der Teubnerschen Firma gleichermaßen in alle Kulturländer getragen. Über den Erfolg und die Bedeutung des Werkes seien aus einer an das Preußische Abgeordnetenhaus gerichteten, von Leo kurz vor seinem Tode verfaßten Denkschrift des Jahres 1913 folgende Sätze mitgeteilt: „Der äußere Erfolg des Werkes war vom Erscheinen der ersten Lieferung an sehr groß. Während im Vertrage mit dem Verleger die Möglichkeit einer Zahl von 500 Abnehmern ins Auge gefaßt ist, beträgt jetzt die Zahl der Abonnenten über 1700. Das gelehrte Publikum des In- und Auslandes erkannte durch seine unerwartet zahlreiche Beteiligung an, daß in diesem Werk die seit Jahrhunderten geforderte und oft halb oder ganz vergeblich angegriffene Arbeit einer wissenschaftlichen Darstellung des lateinischen Sprachschatzes wirklich geleistet wurde, und daß der Thesaurus für sein Jahrhundert, das zugrundeliegende Archiv für allezeit der lateinischen Sprachwissenschaft das wichtigste Hilfsmittel bot. Der Thesaurus wird nicht nur von Philologen beständig benutzt, auch die Juristen können ihn für eine sprachliche Analyse des Corpus iuris gar nicht mehr entbehren; das Analoge gilt für die Theologen: denn die in beiden Konfessionen eifrigst betriebenen patristischen Studien sind durch ihn auf eine neue festere und wissenschaftlichere Grundlage gestellt worden. Da auch lateinische Schriftsteller germanischer Nationalität, wie alle in den 'Scriptores antiquissimi' der 'Monumenta Germaniae' vereinigten Texte, hineinbezogen werden, so kommt der Thesaurus auch dem genaueren Verständnisse der wichtigsten Quellen unserer ältesten vaterländischen Geschichte zugute. Er ist in allen Kulturländern die in jeder einschlägigen wissenschaftlichen Frage angerufene Autorität. Es ist auch im Auslande überall von neuem zum Bewußtsein gekommen, daß ein solches Werk nur in Deutschland unternommen werden konnte und durchgeführt werden kann; denn nur bei uns ist die nötige Zahl immer noch wachsender wissenschaftlicher Arbeiter auf philologischem Gebiet zu finden, die den Erfolg einer solchen Organisation möglich macht." So wird man der Hoffnung Ausdruck geben dürfen, daß ein internationales Werk wie dieses, dessen Arbeit selbst nicht durch die beispiellosen Personal-, Papier- und Druckschwierigkeiten der Kriegs- und der Inflationszeit völlig ins Stocken geriet (mag sich auch die Zahl der Abonnenten seitdem beträchtlich verringert haben), als ein Zeugnis deutscher Geisteskraft und deutschen Organisationsvermögens infolge des völkerverbindenden Charakters der lateinischen Sprache in erster Reihe mit dazu berufen sein wird, die Fäden eines Zusammenhanges der europäischen Kulturmenschheit auf dem Gebiete der Geisteswissenschaften wieder zu verknüpfen.

Die Wissenschaft ist, was Platon, ihr Schöpfer, wußte, Aristoteles, ihr Systematiker, verkannte, ein ewig Unfertiges. Dies ist ihr Stolz, und für ihren Diener liegt das erhebendste Bewußtsein gerade darin beschlossen, daß das Beste, was er nach seinem Vermögen bietet, doch nur ein Steinchen zu dem Bau einer Pyramide ist, deren Gipfel sich in den Wolken verbirgt. Ein solcher *Μουσάων θεράπων* ist auch der Verleger großen Zuschnitts: er trägt seine Autoren und wird durch sie getragen, *κοινὸς Ἑρμῆς*. Der Verkehr mit den Autoren ist nicht immer leicht, denn auch sie gehören zum 'genus inritabile', und Langmut in der Korrespondenz ist eine Tugend, in der ein Verleger fast täglich sich zu üben Gelegenheit findet; wer weiß, ob Dr. Giesecke nicht an diesen oder jenen seiner Verlagsautoren gedacht hat, als er im Jahre 1897 in den von der Philologischen Gesellschaft in Leipzig herausgegebenen „Charakteren" Theophrasts die Übersetzung des „Hochfahrenden" so beschloß: „In Briefen schreibt er nicht: 'Du würdest mir einen Gefallen thun', sondern: 'Ich will, daß es geschieht', und 'Ich habe zu Dir gesandt und wünsche es zu bekommen' und 'Anders hat das nicht zu geschehen' und 'Aber schleunigst'." Trotz solcher kleinen Unliebenswürdigkeiten sind doch die persönlichen Beziehungen zu den Autoren das wahrhaft Belebende in dem schönen, aber wie an erfüllten Hoffnungen so auch an Enttäuschungen reichen Verlegerberufe. Dr. Giesecke hat diesen Verkehr oft gesucht und gern gepflegt: auf den Philologenversammlungen hat er, auch darin dem Vorbilde seines Urahns getreu, selten gefehlt, und manche Geschäftsbeziehungen sind nach Vorträgen auf gemeinsamen Wanderungen oder wohl auch inter pocula angeknüpft worden. An Initiative fehlt es ihm nicht: ein ideenreicher und schöpferischer Verleger weist manchem Autor ein Ziel, das dieser sonst entweder nie gesucht oder nur auf einem Umwege erreicht hätte; der Verleger hat für den Pendelschlag des sich aus vielen Rädchen zusammensetzenden Uhrwerkes des Wissenschaftsbetriebes oft ein feineres Gehör als der Autor, der meist nur seine eigene Kette aufzieht, ohne zu begreifen, daß ein so komplizierter Mechanismus nur in Gang gehalten werden kann, wenn jedes Glied dem Zusammenhange des Ganzen dient. Diese planvolle Gesetzmäßigkeit im Großen mit der Ausprägung freier, schöpferischer Individualität in Einklang zu bringen und daher neben Übernahme des Herkömmlichen, Notwendigen und Sicheren gelegentlich auch einen Sprung ins Dunkle und der Berechnung Unzugängliche zu wagen, ist vielleicht die verantwortungsvollste Aufgabe, deren Lösung die Vereinigung von Sachverständnis und Menschenkenntnis, Unternehmungslust und Wagemut erfordert. In edlem Wettbewerb mit anderen, auch ihrerseits hohe Ziele verfolgenden Verlagsfirmen hat die Teubnersche zum Segen der Wissenschaft an der Lösung jener Aufgabe redlich und unermüdlich gearbeitet. Das Wort, das Fr. Ritschl im Jahre 1855 an den Begründer der Firma schrieb, ihre Verlagstätigkeit habe sich mit Adlerschwingen im philologischen Fache emporgehoben, wird jedem Inhaber der Firma zum Ansporn dienen. Möchte Dr. Giesecke sich auch in den schweren Zeiten der Gegenwart seine Schaffensfreude, seinen Idealismus, seinen künstlerischen Sinn – dieser ist immerdar sein bester Tröster gewesen – erhalten: dann wird er auch weiterhin sein ein Wahrer der alten gloria seines Hauses, ein Mehrer der neuen. Verleger wie Sie, lieber Herr Giesecke, und Ihresgleichen, wird grade unsere Wissenschaft bitter nötig brauchen; denn ihrem weiteren Blühen, wenn nicht gar ihrem Bestande droht Gefahr,

nisi vos pauci retineatis gloriam antiquam Atticam.

DAS
CORPUS MEDICORUM ANTIQUORUM
VON
JOHANNES ILBERG

Es war in schönen Friedenstagen, auf der ersten Generalversammlung der weiland Internationalen Assoziation der Akademien in Paris im April 1901, und zwar bei einer Besichtigung des dem Institut de France gehörigen Schlosses Chantilly, als die Delegierten von Berlin und von Kopenhagen, Hermann Diels und Johan Ludvig Heiberg, zuerst den Plan eines „Corpus medicorum antiquorum" besprachen, der unerläßlichen Grundlage für die Erforschung der antiken Natur- und Heilwissenschaft. Ihre Bemühungen führten zunächst dahin, daß nach fünfjähriger Arbeit, an der gegen dreißig Gelehrte verschiedener Nationalität beteiligt waren, die Aufnahme des gesamten handschriftlichen Materials aller in Frage kommenden Bibliotheken vorlag. Daraus wurde durch Diels der große Katalog der griechischen Ärztehandschriften herausgegeben: er zählt für jede Schrift von Hippokrates bis Paulos von Aigina (7. Jahrh. n. Chr.) die griechischen Handschriften auf sowie die Codices der Übersetzungen ins Lateinische, Syrische, Arabische und Hebräische.

Bevor der vollständige Entwurf des interakademischen Medizinerkorpus der Internationalen Assoziation unterbreitet wurde, galt es einen Verlag zu finden, dem das weitausschauende Unternehmen anvertraut werden konnte. Diels, die Seele des Ganzen, brachte die Firma B. G. Teubner in Vorschlag, und deren Mitinhaber Dr. Giesecke hatte am 5. November 1906 in Berlin die erste, entscheidende Besprechung mit dem großen Gelehrten über die wichtige Angelegenheit. Nachdem dann zu Pfingsten des folgenden Jahres die Assoziation auf ihrer dritten Generalversammlung in Wien das Corpus formell unter ihre Obhut genommen hatte, schlossen die drei Akademien von Berlin, Kopenhagen und Leipzig im Herbst 1907 den Verlagsvertrag über die griechische Abteilung mit der Firma ab, den diese am 27. September unterzeichnete. Sie erklärte sich unter den damaligen Verhältnissen bereit, die gesamten Herstellungskosten ohne Zuschuß zu tragen, was sich natürlich später infolge des Weltkrieges und seiner Nachwehen als undurchführbar erweisen mußte. Ohne die gesteigerte finanzielle Beihilfe offizieller Körperschaften und auch von privater Seite war es nicht möglich, das glücklich begonnene Werk fortzusetzen; dieses wäre aber dennoch schwer bedroht geblieben, hätte der Verlag nicht auch weiterhin durch Übernahme eines beträchtlichen Teiles der ungeheuer gestiegenen Druckkosten der aufs würdigste ausgestatteten Bände seiner alten Tradition die Treue gewahrt. Hermann Diels hat bei der Hundertjahrfeier der Firma am 3. März 1911 von der Symbiose originaler und praktischer Wissenschaft gesprochen, worauf das Haus Teubner wie unsere ganze Kultur beruhe; sein auch im Hinblick auf das „Corpus medicorum" geäußerter eindringlicher Wunsch ist nicht unerfüllt geblieben, und er würde dem von ihm hochgeschätzten Jubilar heute gewiß seine besondere Genugtuung und Freude darüber aussprechen, wäre er nicht der Wissenschaft zu früh entrissen worden.

*

In meinem Besitz befindet sich als Geschenk des Verfassers eine der alljährlich zum Gedächtnis an den berühmten englischen Arzt William Harvey, den Entdecker des Blutkreislaufes, im Londoner Royal College of Physicians gehaltenen Harvey-Reden. Der Redner, Joseph Frank Payne, sprach über Harvey und Galenos und stellte als Motto das Goethesche Wort an die Spitze:

> „Laßt fahren hin das allzu Flüchtige!
> Ihr sucht bei ihm vergebens Rat!
> In dem Vergangnen lebt das Tüchtige,
> Verewigt sich in schöner Tat."

Dieses Bekenntnis eines modernen Mediziners, der sich zugleich als guter Kenner der langen Geschichte seiner Wissenschaft bewährt hat, dürfte manchen in Verwunderung setzen, der von den bedeutenden Fortschritten der Heilkunde in neuerer und neuester Zeit überzeugt ist. Auch jener Sprecher des Royal College dachte natürlich nicht daran, diese Fortschritte zu bestreiten: seine Absicht war, die Errungenschaften früherer Perioden zu betonen. „Unsere ganze Wissenschaft", sagt Payne, „ist nur das Endergebnis aller Bemühungen der Vergangenheit, in die Geheimnisse der Natur einzudringen", „ihre Irrtümer sind unvollkommene Wahrheiten, denn – in der Naturwissenschaft wenigstens – ist die Wahrheit von heute der Irrtum von morgen".

Als „unvollkommene Wahrheiten" müssen im vorliegenden Fall die Ansichten der antiken Anatomen und Physiologen über den Blutlauf und die Funktionen des Herzens angesehen werden; aber schon der große Erasistratos im 3. vorchristlichen Jahrhundert war nahe daran gewesen, den Kreislauf des Blutes richtig zu erkennen, und es ist kein Zweifel, daß Harvey durch das Studium des von ihm widerlegten Galenos neben jahrelangen eignen Beobachtungen zu seinem genialen Nachweis gekommen ist. Das war die „schöne Tat" nach Paynes Auffassung von Goethes Versen, durch „tüchtige" Arbeit vieler älterer Generationen vorbereitet und ermöglicht, die Dauerndes für die Zukunft hinstellte.

„In dem Vergangnen lebt das Tüchtige, verewigt sich in schöner Tat" – Goethe fährt fort: „Und so gewinnt sich das Lebendige durch Folg' auf Folge neue Kraft." Es scheint auffällig, daß der Harvey-Redner eine solche anatomisch-physiologische Anschauung des Altertums als lebendig ansieht, die gerade durch seinen berühmten Landsmann endgültig erledigt ist.

Der Widerspruch ist nur scheinbar. Er löst sich sofort, sobald wir uns über die Einzelbeobachtungen und speziellen Theorien der medizinischen Fachwissenschaft erheben und uns über das wichtigste Grundprinzip antiker und moderner Forschung auf diesem Gebiete verständigen, das uns schon seit den Anfängen der griechischen Heilwissenschaft entgegentritt, von Galenos im 2. nachchristlichen Jahrhundert, der einen Abschluß bedeutet, nachdrücklich hervorgehoben wird und seit der Renaissance, unverfälscht und triebkräftig wiederaufleuchtend, die weitere Entwicklung bis auf den heutigen Tag bestimmt hat. Dieses im Wandel der Zeiten seine „lebendige Kraft" „durch Folg' auf Folge" immer aufs neue bewährende Prinzip ist ein doppeltes: die Griechen haben es πεῖρα und λόγος oder λογισμός, die Lateiner experientia und ratio genannt, Erfahrung und theoretische Erwägung. Wo man dieses Paar einseitig zu trennen suchte, offenbarten sich gar bald Stillstand und Rückschritt, und wo gar der Autoritätsglaube überwog, wie durch weite Strecken des Mittelalters, mußte natürlich Stagnation herrschen.

Als Theophrast von Hohenheim im 16. Jahrhundert, als ferner zwei Menschenalter nach ihm Francis Bacon sich die Forschungsmethode der experientia und ratio zur Richtschnur setzte, hatte jedoch bereits die Wiedererweckung der klassischen Altertumsmedizin stattgefunden. Über den positiven Nutzen jener damaligen engen Verbindung von Philologie und Medizin für die Fortschritte der Natur- und Heilwissenschaft sind sehr abweichende Meinungen geäußert worden. „Der Humanismus hat die Entwicklung um ein Jahrhundert verzögert", sagt neuerdings ein hervorragender Forscher (H. E. Sigerist); „denn was er brachte, war ein erneuter Schub antiker Wissenschaft in etwas reinerer Form, aber nichts grundsätzlich Neues." Und derselbe führt an einer anderen Stelle aus: „Was konnte es nützen, wenn jetzt auch Aretaios, Rufus, Alexander, Paulos, das „Corpus hippocraticum" in reiner Form bekannt wurden, wenn das Buch von Celsus aus der Vergangenheit trat?" . . . „Was nützte es, daß man allmählich zwischen Griechen und Arabern unterscheiden lernte, daß man sich gefühlsmäßig zu den verwandteren Griechen bekannte? Beide waren fremde Kulturvölker, die wohl Tatsachen überliefern konnten, nicht aber den Geist, den man benötigte." Und weiter: „Der größte Gewinn, welcher der Medizin aus dem Humanismus erwuchs, lag darin, daß die Literatur eine neue Sprache bekam. An den großen lateinischen Autoren geschult, übersetzten die Humanisten die medizinischen Werke in klassische, bisweilen elegante Prosa." . . . „Was der Humanismus brachte, war das Alte in neuem Gewand, nicht mehr."

Ich habe schon früher einer andern Anschauung wiederholten Ausdruck gegeben und muß daran festhalten. Daß der Fortschritt damals nur im Formellen, Äußerlichen bestanden habe, vermag ich keineswegs zuzugeben, ohne freilich an dieser Stelle näher darauf eingehen zu können. Echter Hippokratismus führt zu selbständiger, unermüdlicher Beobachtung und zu eignem Denken. Das zeigt sich noch bei Galenos. In seiner Systematik hatte der Pergamener zwar jener vielberufenen, dem Hippokrates mit Unrecht zugeschriebenen Viersäftetheorie, der dann die vier Temperamente entsprechen, Raum gegeben, aber man beachte, wie Galenos immer wieder die πεῖρα, Erfahrung neben dem Logos als wichtigste Erkenntnisquelle hinstellt. Und wäre uns Modernen ein Gang durch seinen Präpariersaal in Rom vergönnt, wo er Sektionen von Tierkörpern, auch Vivisektionen vornahm, hätten wir Einsicht in seine Sektionsprotokolle, die er als Grundlage für seine großen anatomischen und anatomisch-physiologischen Werke aufzeichnen ließ, oder nähmen gar teil an seinen Lehrgängen und Demonstrationen für seine Schüler oder für ein medizinisch lebhaft interessiertes römisches Laienpublikum, so würden wir staunen nicht nur über den Reichtum an Tatsachen, der damals als Erbe von sechs Jahrhunderten vorlag, sondern auch über die nie ruhende Leidenschaft, womit es der eifrig forschende Anatom zu vermehren und es auch in seiner Therapie nutzbar zu machen strebte.

Mußte nicht die Wiedererweckung der alten Meister in der Renaissance zu ernster Prüfung des Überlieferten führen und zugleich zum Weiterarbeiten, wie es dem Geiste jener entscheidenden Zeitwende entsprach? Guido Guidi, der Leibarzt Franz I. von Frankreich, übersetzt zu praktischen Zwecken die berühmteste Sammlung altgriechischer Chirurgie, den Codex Laurentianus des Niketas, ins Lateinische auf ausdrücklichen Befehl des Königs, und Franceso Primaticcio, sein Bologneser Hofmaler, fertigt Hunderte von ausgezeichneten Illustrationen zu des Apollonios von Kition chirurgischem Hippokrateskommentar und der Verbandlehre des Soranos, indem er die verblaßten Vorlagen der kostbaren Florentiner Handschrift, die auf das Altertum zurückgehen, ergänzt und berichtigt sowie unter fachmännischem Beirat zahlreiche neue hinzufügt.

Wir übergehen die weitere Entwicklung bis ins 19. Jahrhundert. Émile Littrés zehnbändige Hippokratesausgabe mit französischer Übersetzung, das Werk fast eines Menschenalters (1839–1861), ist die erste moderne Leistung großen Stiles auf dem vernachlässigten Felde. Noch bis heute ist sie längst nicht in ihrem vollen Umfang ersetzt, und immer wird das Werk ein bedeutsamer Markstein in der Erforschung antiker Heilkunde bleiben.

Inzwischen hatte Charles Daremberg die europäischen Bibliotheken mehrere Jahre hindurch bereist, um das Werk seines Lehrers Littré fortzusetzen. In Verbindung mit anderen Medizinern verschiedener Nationalität beabsichtigte er, die griechischen und lateinischen Ärzte, einschließlich der Autoren über antike Tierheilkunde, in kritischer Bearbeitung vollständig herauszugeben. Sieben Bände dieser „Collection des médecins grecs et latins" sind von 1851–1879 unter den Auspizien des französischen Unterrichtsministeriums erschienen. Sie umfassen aber nur einen verhältnismäßig kleinen Teil des ursprünglich Beabsichtigten, denn bald nach Darembergs Tode gab man das hingebungsvoll von ihm geförderte Unternehmen auf, weil die geeigneten Mitarbeiter fehlten. Es bedurfte längerer Frist, ehe sich die Altertumswissenschaft ihre Ziele auch nach der medizinhistorischen Richtung stecken konnte. Erst seitdem sie die gesamte griechisch-römische Kultur in ihrem Wesen und allen Äußerungen ihres Lebens zu umfassen sucht, ist ihr auch die medizinhistorische Aufgabe zum Bewußtsein gekommen. So hat auch im vergangenen Herbst Wilamowitz in seiner ergreifenden Abschiedsrede auf der Göttinger Philologenversammlung über die Geschichte der griechischen Sprache als dringende Aufgabe der nächsten Zukunft gerade die Erforschung der wissenschaftlichen Schriftsprache der Ärzte um Hippokrates unserer jüngeren Philologengeneration ans Herz gelegt. Nun werden zwar die Texte der antiken Ärzte nicht allein darum kritisch hergestellt, um Material für grammatische, stilistische oder sprachgeschichtliche Untersuchungen zu bieten. Abgesehen von ihren mannigfaltigen Darstellungsmitteln lenkt diese Fachliteratur andauernd den Blick auf die äußeren Daseinsbedingungen ihrer Zeit, auf die religiösen und sittlichen Zustände, auf die philosophischen Anschauungen, kurz: sie vermittelt uns kulturgeschichtliche Kunde über Leben und Betätigung der alten Völker in reicher Fülle.

Was in jüngster Vergangenheit, d. h. in den letzten 20 Jahren, für die antiken Ärzte geleistet worden ist und was in nächster Zukunft weiterhin für sie geleistet werden muß, ist die Durchführung des Gedankens jener französischen „Collection des médecins grecs et latins" auf vollkommenerer Grundlage und in anderer Form als „Corpus medicorum antiquorum". Auf 32 Bände war das griechische Corpus veranschlagt, man rechnete auf der Wiener Tagung im J. 1907 mit einem Abschluß nach 16–20 Jahren. Mit dem Weltkrieg und seinen schweren Folgen hatte man aber nicht gerechnet. Natürlich fiel ihm die Internationale Assoziation zum Opfer, glücklicherweise hielten die drei enger verbundenen Mitglieder zusammen, so daß die Arbeit für das Corpus, wenn auch langsam, weitergehen konnte. Jetzt, nach 20 Jahren, ist es zwar längst nicht vollendet, aber 12 Bände, ein gutes Drittel des Ganzen, liegen zur Zeit fertig vor, dank der Tätigkeit von 14 Mitarbeitern (Bergsträßer, Diels, Hartlich, Heeg, Heiberg, Helmreich, Hude, Ilberg, Kalbfleisch, Koch, Mewaldt, Raeder, Wellmann, Westenberger). Näheres über den Inhalt dieser Bände zu berichten, ist hier nicht möglich; ich erwähne nur, daß im Corpus, so unglaublich es klingt, z. B. fast alle Schriften des Galenos zum ersten Male in zuverlässiger Textgestalt erscheinen, da erst jetzt die byzantinischen Handschriften und alle sonstigen Hilfsmittel systematisch herangezogen werden. Es ist das ein ungeheurer Fortschritt im Vergleich zu den Renaissancedrucken aus Venedig und Basel.

Gleichzeitig mit dem griechischen Corpus begann man die Vorarbeiten für ein „Corpus medicorum Latinorum" mit Feststellung der in den europäischen Bibliotheken vorhandenen Handschriften und dem Entwurf eines Planes über die Reihe der zu schaffenden Ausgaben. Dieser weniger umfängliche Teil des Unternehmens wurde in die Hände der Leipziger Puschmannstiftung und gleichfalls des Teubnerschen Verlags gelegt. Sein wertvollstes Stück, die aus der großen Enzyklopädie des Cornelius Celsus erhaltenen acht Bücher „De medicina", sind bekanntlich unter Kaiser Tiberius, zwar von einem Nichtarzte, aber mit fast vollem Sachverständnis auf Grund vorzüglicher Quellen und dazu mit meisterhafter Beherrschung der lateinischen Sprache geschrieben, die in der schönen abschließenden Ausgabe des Corpus von Friedrich Marx erst recht zur Geltung gekommen ist. Wir haben bei Celsus gewissermaßen eine große Übersicht der antiken Medizin bis auf seine Zeit, besonders auch deshalb für uns unschätzbar, weil zwischen ihm und der klassischen Blüte der Schulen von Kos und Knidos aus dem 5. und 4. Jahrhundert v. Chr. eine schmerzliche Lücke von etwa drei Jahrhunderten klafft: die Originalwerke der großen alexandrinischen „professores" sind verloren. Übrigens ist Celsus der älteste Schriftsteller, bei dem das Wort „Professor" vorkommt.

Es ist auffällig, daß des Celsus für die Allgemeinheit bestimmtes Werk bald fast völlig verschwindet und erst gegen Ende des Mittelalters wieder auftaucht. Die im „Corpus medicorum Latinorum" außer ihm bereits erschienenen oder auf der Registrande zur Bearbeitung stehenden Autoren haben dagegen zumeist bedeutende Wirkung auf die mittelalterliche Heilkunde ausgeübt. Wir denken an die Auszüge und Sammelwerke, wodurch seit der ausgehenden Kaiserzeit die antike Wissenschaft in verkürzter, mannigfach entstellter Form dem Mittelalter überliefert worden ist – um die bereits neu edierten Bände zu nennen, seien erwähnt des Q. Serenus Arzneibuch in Hexametern (Vollmer), des Galliers Marcellus Empiricus umfangreiche Rezeptsammlung (Niedermann) oder der bildgeschmückte Band aus dem frühen Mittelalter über Heilmittel aus dem Pflanzen- und Tierreiche, der von Howald und Sigerist bearbeitet worden ist. Am meisten haben wohl im Mittelalter neben den Byzantinern, denen ihre griechische Muttersprache zustatten kam, die Araber für die Erhaltung griechischer Geistesarbeit auf diesem Gebiete beigetragen, soweit sie von ihnen aufgenommen werden konnte. Das griechische Ärztekorpus muß deshalb für gewisse verlorene oder besonders schlecht im Originaltext erhaltene Partien auch die arabischen Übersetzungen heranziehen, so für Galens anatomisches Hauptwerk.

Gerade in dieser „Präparierlehre" sehen wir den Forscher unermüdlich mit selbständiger Arbeit beschäftigt und exakt an lebenden und toten Tierkörpern experimentierend zu immer vollkommeneren Resultaten gelangen unter steter Bezugnahme auf den Menschen, dessen eigentümlicher Bau freilich von ihm nur mangelhaft verglichen werden konnte. Ein Beispiel aus dem nur arabisch erhaltenen Teile: Galen spricht vom Nervus laryngeus recurrens: „Und als ich nun bestimmt erkannte, daß ich gefunden, was ich beabsichtigte, hatte ich alsbald eine gewaltige Freude. Danach wiederholte ich diesen Handgriff viele Male, versehe es auch ab und zu dabei, da das Heraussuchen und Auffinden schwierig ist. So mußt du gleichfalls, wenn du auch dein Ziel ein-, zwei-, dreimal verfehlst, nicht verzagen, sondern hoffen, daß du endlich das Rechte treffen wirst." Gerade bei seiner „Präparierlehre" hat der Verfasser äußerste Geduld bewährt; ein-, zwei-, dreimal hat er sie neu schreiben müssen, da die früheren Niederschriften durch Feuer bald ganz, bald teilweise zugrunde gegangen waren. So ist das Werk denn auch immer vollkommener geworden, und wir können Genugtuung darüber empfinden, daß der vierte, erst im späteren Mittelalter eingetretene Verlust der zweiten Hälfte durch die Übersetzung des Arabers einigermaßen ersetzt worden ist.

„Was wollt ihr von den Meistern mehr?" ruft Hans Sachs –

> „Verachtet mir die Meister nicht
> Und ehrt mir ihre Kunst.
> Was ihnen hoch zum Lobe spricht,
> Fiel reichlich euch zur Gunst."

Ich bin überzeugt, daß Oswald Spenglers Morphologie der Weltgeschichte, wonach jede einzelne Kultur als in sich abgeschlossenes Phänomen wachse, blühe und absterbe, ohne daß ein lebendiger Zusammenhang mit früheren Perioden möglich sei, auch durch das Sondergebiet der Medizingeschichte nur in beschränktem Maße bestätigt wird. Gewiß, das Bewußtsein des Zusammenhangs war zeitweise zurückgetreten und die produktive Kraft Jahrhunderte hindurch gesunken oder geschwunden, aber wie sie dennoch wiederum erstarkte und damit die Erinnerung an längst Erreichtes zurückkehrte, darf nicht verkannt werden. Man hat freilich geradezu von einem Bruch mit der Antike im Zeitalter der Renaissance und von dem Aufkommen einer ganz neuen Denkform gesprochen. Seitdem habe sich im Abendlande der „anatomische Gedanke" durchgesetzt, daß alle Krankheiten auf anatomischen Organ- und Funktionsveränderungen beruhen. Die Griechenmedizin sei dagegen „anatomielos" gewesen, d. h. der antike Arzt habe Anatomie lediglich als Naturforscher und Philosoph betrieben, sich aber dadurch in seinem medizinischen Denken nicht beeinflussen lassen. Diese Auffassung konstatiert einen zu weit gehenden Gegensatz. Ohne Zweifel ist ein solcher vorhanden – wo bliebe sonst der Fortschritt? –, aber schon Galen sagt: „Es gibt keine Funktionsstörung ohne organische Läsion" und ist den anatomischen Krankheitsursachen gründlich nachgegangen, um sie bei seiner Diagnose und Therapie zu zu verwerten; man lese nur z. B. seine große Pathologie in sechs Büchern „Über die kranken Körperstellen". Hält er doch auch alle Fachgenossen für „verrückt", die ohne anatomische Kenntnisse den Hippokrates interpretieren wollen. Die Bezeichnung „anatomielos" für die griechische Medizin möchte ich nur cum grano salis verstanden wissen; sonst scheint mir der Ausdruck irreführend, zum mindesten mißverständlich zu sein.

Perscrutamini naturas rerum! mahnte Paracelsus – er hatte es von Hippokrates gelernt und verwarf nun die mittelalterliche Buchgelehrsamkeit. Gleichzeitig befolgte Vesalius die immer erneuten Mahnungen bei Galen, nur der Autopsie Glauben zu schenken und konnte nun weit über ihn hinausschreiten. „Noch jeder Student der Anatomie von heute", sagt deshalb jener englische Kenner, „müßte dafür dankbar sein, daß man im 15. Jahrhundert begann, griechische Manuskripte zu lesen", und in demselben Sinne hat erst kürzlich der Berliner Chirurg August Bier gerufen: „Zurück zu Hippokrates!"

Die Erforschung der antiken Heilkunde steht gegenwärtig unter günstigen Aspekten. Dieselbe Anschauung, die den Mitarbeitern am „Corpus medicorum" den Mut gegeben hat, ihre Aufgabe in Angriff zu nehmen, findet sich auch in der Literatur der Fachmediziner oft ausgesprochen, daß ihre Wissenschaft von der jeweiligen Zeitkultur lebendiges Zeugnis ablegt. Die allgemeine Medizingeschichte ist somit als Kulturgeschichte anerkannt, und als solche muß sie, in steter Berührung mit verwandten Forschungszweigen, ihren weiteren, selbständigen Entwicklungsgang nehmen. Manches weist darauf hin, daß diese Konstellation nicht versäumt wird, sondern eine fruchtbringende Synthese auch auf diesem Felde im Werden ist. Ich lasse die heikle Frage beiseite, die einmal einigen Staub aufgewirbelt hat – ob es nämlich leichter für den Philologen sei, sich die erforderlichen medizinischen Fachkenntnisse hinzuzuerwerben, als für den modernen Mediziner, sich mit dem Rüstzeug der philologisch-historischen Wissenschaft vertraut zu machen. Eine beiderseitige Arbeitsgemeinschaft scheint mir auf jeden Fall unentbehrlich. Anfänge dafür sind gemacht. Wir Philologen haben uns in früheren Jahrzehnten häufig darüber beklagen müssen, daß von geschichtlich interessierten Medizinern Aufsätze und sogar ganze Bücher über die Heilkunde des Altertums veröffentlicht wurden, die wir nur dilettantisch nennen konnten. Es fehlte darin mitunter nicht nur die einfachste Sprachkenntnis, auch eine Vorstellung von den Elementarregeln historischer Quellenforschung war zu vermissen. Das ist jetzt besser geworden. Die Texte als etwas Gegebenes hinzunehmen, ebenso betitelt wie in den Handschriften, und ihren Inhalt einheitlich zu benutzen, geht gemeiniglich nicht an, wie man eingesehen hat; denn oft sind vorher schwierige Verfasserfragen zu lösen und spätere Umarbeitungen, wie sie praktische Verwendung mit sich brachte, abzugrenzen. Ich schweige von den problembelasteten Hippocratica und erwähne nur die Gynäkologie des Soranos. Das stark verderbte Werk wurde nach seiner Entdeckung vor hundert Jahren zuerst meist als Original verwertet, bis sich durch schärferes Zusehen und den Vergleich mit einer lateinischen Bearbeitung aus dem Mittelalter allmählich herausstellte, daß eine Kompilation vorliegt, eine Verquickung des echten Soran mit späteren Autoren, die auch Fremdartiges darbieten, das dem hervorragenden Meister aus trajanischer Zeit nicht zugerechnet werden darf. Es bedurfte strenger Analyse, um seine medizinische wie seine schriftstellerische Bedeutung zu erkennen und damit dieses wichtigste gynäkologische Denkmal aus dem Altertum ins rechte Licht zu stellen.

„Das ist gewiß verdienstlich," rufen die Jünger des Asklepios; „was helfen uns aber selbst die besten griechischen Ausgaben?" Sie mahnen damit an einen schmerzlichen Mangel; der brauchbaren Übersetzungen haben wir in Deutschland noch recht wenige. Als das „Corpus medicorum" begründet wurde, glaubte man wegen seines internationalen Charakters deutsche Übersetzungen nicht ins Auge fassen zu dürfen. Und dennoch müssen sie mit der Zeit geschaffen werden, soll die bisher aufgewendete harte Arbeit nicht zum großen Teil ungenutzt bleiben. Man denke sich auch das nicht etwa leicht. Stil und Terminologie ist in den vielen Jahrhunderten sehr verschieden gewesen; das ging so weit, daß schon in der hellenistischen Zeit die Bücher der älteren ionischen Medizin nicht mehr ganz verständlich und Kommentare oder Glossarien nötig waren. Ein damaliger Grammatiker sagt ausdrücklich, Hippokrates leide unter dem laienhaften Vorurteil, sich mit Absicht einer dunkeln Schreibweise bedient zu haben; diese lasse sich aber mit Hilfe des älteren Sprachgutes recht wohl erklären, und dazu wolle er beitragen. Wie soll man nun heute verfahren? Der von einem der letzten Hippokratesübersetzer befolgten Tendenz, die stilistisch total verschiedenen Hippocratica einfach „in die Sprache der gegenwärtigen medizinischen Wissenschaft" zu übertragen, kann man nicht beipflichten; es geht zu vieles dabei verloren. Wie soll es möglich sein zu zeigen, daß jene frühen Vertreter griechischer Kunstprosa noch mit dem Ausdruck ringen, neue Worte und Wendungen prägen, wie sie bald an Herodots anmutige Naivetät erinnern, bald mit Heraklits gekünstelter Rätselhaftigkeit oder mit dem raffinierten Schwulste der Sophisten wetteifern, wenn über das alles der Firnis moderner Fachausdrücke gestrichen, wenn absichtlich der Jargon unsrer Kliniken nachgeahmt wird? Den echten Eindruck rein wiederzugeben, vermag ja freilich in vielen Fällen keine Übertragung; wenigstens inhaltlich ist ihm wohl Littré am nächsten gekommen, weil er zugleich Arzt und Sprachkundiger war. Wer beides in sich vereinigt, mag es ihm auf Deutsch nachzutun versuchen, meistens aber wird nur eine Gemeinschaftsarbeit Erfolg haben.

*

Es ist wiederholt gesagt worden, erst nach Herstellung der Originaltexte werde es möglich sein, eine Geschichte der antiken Heilkunde im wahren Sinne zu schreiben. Diese grundlegende Arbeit ist in vollem Gang. Daß sie nicht der berüchtigten „Wissenschaft des Nichtwissenswerten" dient, sollte Einsichtsvollen klar sein, wie es Jahrhunderte lang selbstverständlich war. Sigerist hat in seiner Züricher Antrittsvorlesung (1921) ausgeführt, daß die Beherrschung der antiken Medizin die Grundbedingung zu jeder medizinhistorischen Betrachtung sei; der Schwerpunkt dieser Forschung werde auch weiterhin im klassischen Altertum liegen. Derselbe schilderte kürzlich das Bewußtsein der gegenwärtigen Mediziner von einer bevorstehenden Krisis ihrer Wissenschaft. Aus ihr erkläre sich das von der praktischen Medizin aus in den letzten Jahren immer lebhafter geäußerte Bedürfnis nach geschichtlicher Einsicht. Er schloß mit den Worten: „Wenn wir heute Geschichte der Medizin treiben, so tun wir es nicht nur, um die Geistesgeschichte zu mehren, nicht nur, um die Allgemeinbildung des Mediziners zu heben. Wir tun es vor allem, um durch historische Betrachtung die Heilkunst zu fördern, um auch auf diesem Wege unseren leidenden Mitmenschen zu helfen." Arbeit der Philologen für die antike Heilkunde vermag nun freilich nicht unmittelbar der leidenden Menschheit Hilfe zu leisten, sie sind auch hier Interpreten und Vermittler. Aber sie gedenken an ein Wort Hermann Useners: „Ein rechter Philologe muß ein Ritter ohne Furcht sein; er darf keiner Frage ausweichen" und sind stolz auf ihre Wissenschaft,

„Die zu dem Bau der Ewigkeiten
Zwar Sandkorn nur auf Sandkorn reicht,
Doch von der großen Schuld der Zeiten
Minuten, Tage, Jahre streicht."

DER ALTSPRACHLICHE UNTERRICHT UND DER KAMPF UM DIE HUMANISTISCHE BILDUNG

VON GERHARD MICHAELIS UND WILHELM HARTKE

I. DIE ÄLTERE ZEIT

VON GERHARD MICHAELIS

Wenn man den Offenherzigkeiten zahlreicher Schriftsteller und Künstler in ihren Lebenserinnerungen glauben darf, so bleibt das Verhältnis zwischen Autor und Verleger nicht immer ungetrübt. Der Grund ist klar. Er liegt in dem Widerstreit der Interessen, die sich zuweilen schwer vereinigen lassen, und an der menschlichen Selbstsucht. Aber es gibt auch sehr wohltuende Ausnahmen: zu diesen gehört Dr. Giesecke. Das muß ich nach einer über ein Vierteljahrhundert dauernden, nie unterbrochenen und oft sehr regen Verbindung heute aussprechen. Und er muß es sich schon, wenn auch Minerva invita, gefallen lassen, beim Eintritt in das letzte Lebensdrittel ein Wort der Anerkennung zu hören, die er verdient. Diese gründet sich nicht zum wenigsten auf die liebenswürdige, wahrhaft humane Art, die den Verkehr mit seinen Mitarbeitern bestimmt. Sein Heim in Leipzig und sein Sommersitz in Friedrichroda haben zahlreiche seiner Autoren gastlich beherbergt und neben den geschäftlichen auch rein menschliche Beziehungen anknüpfen lassen.

Bewundernswert ist an ihm, wie er die alte Tradition seines Hauses fortsetzt, daß es ihm bei aller kühlen Einschätzung des materiellen Erfolges um eine von idealen Gesichtspunkten getragene Auffassung der Dinge geht. Gewiß freut er sich, wenn die Schulbücher seines Verlages an zahlreichen Anstalten zur Einführung gelangen, aber noch größer ist seine Genugtuung, wenn es vereinten Bemühungen gelingt, Veraltetes und Überlebtes durch Neues und gut Modernes zu ersetzen. Und so hat er bei aller Zurückhaltung, mit der er den neuen preußischen Lehrplänen und Richtlinien gegenübertrat, diese doch im ganzen sehr freudig begrüßt, weil sie nach seiner Auffassung Licht und Luft in den Schulbetrieb brächten. Zwar, wenn die Könige bauen, haben die Kärrner zu tun, und auch der Teubnersche Verlag hat manchen schweren Block zum Neubau des Jugendunterrichtes herbeischleppen müssen, der nun in fast fieberhaftem Tempo von vielen Stellen begonnen wurde. Aber je größer die Schwierigkeiten sind, die durch amtliche Verordnungen und oft auch durch eigenwillige, schwer verständliche Behandlungen seiner Lehrbücher und den Konkurrenzkampf erwachsen, Dr. Giesecke verliert nie seinen guten Mut und noch weniger seinen trocknen Humor.

In all den Sitzungen gemeinschaftlicher Beratung, die sich oft über viele Stunden bis in die Nacht ausdehnen, ist er ein wahrer χαλκέντερος und beweist dazu eine geistige Spannkraft, die seine meist viel jüngeren Autoren immer wieder mit Bewunderung erfüllt. Die großen Gesichtspunkte, die bei gemeinsamen Beratungen so oft zu zerflattern drohen, behält er stets fest im Auge und hat auf der anderen Seite eine unermüdliche Aufmerksamkeit auf Einzelheiten und dazu ein Gedächtnis, das staunenswert ist. So umfaßt er das Große und das Kleine mit gleicher Hingabe und Schärfe und vermag, was sehr schwer ist, wie kaum einer die Fortschritte und Ergebnisse langer Besprechungen zusammenzufassen und zu formulieren. Alle diese Eigenschaften haben ihn neben seiner allgemeinen tiefen Bildung, seinem gründlichen philologischen Wissen und seiner sicheren Menschenkenntnis befähigt, den Ruhm seines Hauses zu erhalten und zu erhöhen, und die Teubnerschen Bücher verdanken ihre weite Verbreitung auch seiner starken geistigen Einwirkung.

Der Grundcharakter des Verlages war ja zunächst durch seine Produktion auf klassisch-philologischem Gebiete bestimmt. Sein Charakteristikum war die Neigung zum Kritischen und entsprach der gelehrten Richtung der damaligen Zeit. So waren auch die Ausgaben griechischer und lateinischer Schriftsteller mit Anmerkungen, die der Verlag im Gefolge der großen wissenschaftlichen herausbrachte, für den damaligen hohen Stand des altsprachlichen Unterrichts berechnet. Das, was sie bieten, wäre heute in der Hand des Schülers nicht mehr brauchbar, da die ganze Sammlung mehr auf eine grammatisch-syntaktische Interpretation eingestellt war. Immerhin sind Ausgaben darunter, die ihren Wert durch immer erneute Auflagen erwiesen haben, wie die von Cicero und Plato, von denen zum Teil Nachdrucke noch jetzt nötig werden. Die ausgewählten Plautus-Komödien von Brix-Niemeyer sind ja auch in der Neubearbeitung durch Köhler immer noch die einzigen kommentierten Ausgaben zu Plautus geblieben, die von Bedeutung geworden sind. Auch der Homer von Ameis-Hentze, zuletzt bearbeitet durch Cauer, und vor allen Dingen der Terenz von Dziatzko-Hauler-Cauer sind seit den 80er Jahren in immer neuen Auflagen erschienen. Die Textkonstitution der letzten Ausgabe ist noch heute maßgebend.

Dr. Gieseckes Anteil besteht vor allen Dingen in einer pflegsamen Betreuung, die stets darauf bedacht ist, die Ausgaben möglichst in ihrem Bestande zu erhalten und in guten Neubearbeitungen den Erfordernissen einer neuen Zeit anzupassen. Stellt man diesen Ausgaben, die im Laufe der Zeit aus Schulausgaben immer mehr zu wissenschaftlichen geworden sind, die Schülerausgaben lateinischer und griechischer Schriftsteller gegenüber, so zeigt ein solcher Vergleich besser als eine geschichtliche Betrachtung die innere Umwandlung des Gymnasiums in den letzten vier Jahrzehnten. In dieser Reihe finden sich nur noch ganz selten Ausgaben, die wenigstens noch in der Textauswahl auf frühere Zeiten zurückgehen, so die Neubearbeitungen des Cicero von Bardt, des Homer von Henke-Siefert und gewisse Teile der Livius-Ausgabe, soweit sie auf Fügner zurückgehen. Die älteste Fassung von Herodot (Abicht) ist nicht mehr erhalten. Grundsätzlich verschieden davon war schon die Ausgabe von Agahd. Und die seit den Richtlinien so beliebte neue Ausgabe von Moeller weist wieder kaum mehr Ähnlichkeiten mit der Agahdschen auf. Mit geringeren Änderungen haben sich halten können Fickelscherers Ovid, Fügners Nepos, Stegmanns Sallust und vor allen Dingen Sorofs Xenophon.

Aber schon früh begann das Haus auch Schulbücher für die Unterweisung in Elementen und Syntax herauszubringen, zunächst aus praktischen Bedürfnissen für die neueren Sprachen. Zu einem größeren Erfolge hat es jedoch keines dieser Unterrichtswerke gebracht. Aber von weitreichender Bedeutung wurde seit den sechziger Jahren des vorigen Jahrhunderts, entsprechend der allgemeinen Verlagsrichtung, der Verlag von Büchern für den lateinischen und griechischen Unterricht. Manche von ihnen werden in Neubearbeitungen noch heute viel gebraucht, und namentlich die viel geschmähten lateinischen Übungsbücher von Ostermann (1860) – quem rodunt omnes – haben jahrzehntelang eine monopolartige Stellung an den Lateinschulen innegehabt. Ein Gegenstück dazu bildeten die griechischen Übungsbücher von Wesener (1870). Während früher vom Lehrer erwartet wurde, daß er seine Übungsstücke selbst anfertigte, verlangte die fortschreitende Methodik des Unterrichts in den klassischen Sprachen Übungsbücher, die auf einem gesichteten Vokabelschatz beruhen und die grammatischen Beispiele auf den Sprachgebrauch der Schullektüre einstellen. In dieser Form haben die genannten Bücher schlecht und recht vielen Generationen gedient, und man war mit ihnen zufrieden, solange die beiden alten Sprachen sich als ein Nolimetangere des Gymnasiums fühlen durften und das Ziel mehr eine formale Schulung des jugendlichen Geistes, eine Erziehung zur Akribie und zur Beherrschung von Stil und Wortschatz war. Das waren die Zeiten, die wir Alten alle noch als Schüler kennen, wo der königliche Kommissar beim Abschluß der griechischen Prüfung im Abiturientenexamen wohl sagte: „Nun erfreuen Sie uns noch durch eine recht schöne griechische Form!"

Aber seit den 80er Jahren des vorigen Jahrhunderts hat der Betrieb des altsprachlichen Unterrichts erhebliche Wandlungen durchmachen müssen, nicht nur in äußerer Beziehung, in der ihm zugewiesenen Stundenzahl und in der Herabsetzung der Ziele, sondern auch innerlich, in einer neuen Auffassung vom Bildungswert der alten Sprachen. Mit dem fast märchenhaften Aufschwung von Naturwissenschaften, Handel, Technik und Industrie im Deutschen Reich begann ein zäher, oft leidenschaftlich geführter Sturm gegen die Herrscherstellung der alten Sprachen. Die modernen Fremdsprachen und die exakten Wissenschaften verlangten stärkere Berücksichtigung im Lehrplan auch der Gymnasien, und der leidtragende Teil konnten nach Lage der Dinge nur die alten Sprachen als beati possidentes sein. Nun galt es für den Verlag, alte, bewährte Unterrichtsmittel den veränderten Verhältnissen und Anforderungen anzupassen. Die beiden Wörterbücher der klassischen Sprachen, das griechische von Benseler und das lateinische von Heinichen, mußten einer Erweiterung des Schriftstellerkreises Rechnung tragen, mußten die Bedeutungsentwicklung klarer herausarbeiten und die gesicherten Ergebnisse der etymologischen Forschung in einem dem Schüler faßbaren Umfang nutzbar machen. Aber auch die Übungsbücher für den altsprachlichen Unterricht mußten in Auswahl, Aufbau und Darstellung des Stoffes mit der Beschränkung des einseitigen grammatischen Unterrichtsbetriebes und der besonderen Pflege der Lektüre rechnen.

Das erste „moderne" Schulbuch des Verlages ist die 1885 erschienene lateinische Schulgrammatik von Stegmann, die den Lernstoff auf den klassischen Sprachgebrauch bei Caesar und Cicero beschränkt und alle philologischen Feinheiten und Einzelheiten ausscheidet. An die Seite dieser Grammatik traten die lateinischen Lese- und Übungsbücher von Kautzmann, Pfaff und Schmidt (1891), die den Schwerpunkt des Unterrichtes mehr auf die Herübersetzung verlegten, ohne die feste Beherrschung der Formen und Regeln durch sogenanntes Pauken zu vernachlässigen. Ein Gegenstück zu der Stegmannschen Grammatik wurde die Schulgrammatik von H. J. Müller, die in ihrer ersten Ausgabe (A) manchen Gymnasien nicht erschöpfend genug war und eine zweite (B) nach sich zog. Später schien die Forderung zu sein: je dünner und leichter, desto besser. Die Müllerschen Grammatiken, zuletzt von Fritzsche (in einer Ausgabe C) und von mir (in den Ausgaben A und B) bearbeitet, haben lange den grammatischen Unterricht an den Lateinschulen beherrscht.

Im Anschluß daran wurden die lateinischen Übungsbücher von Ostermann und auch die griechischen von Wesener auf Grund der Bestimmungen der preußischen Lehrpläne von 1891 und 1901 ausgebaut. Die ersteren wurden durch eine letzte Neubearbeitung (Ausgabe C, 1906) durch Fritzsche und den Schreiber dieser Zeilen zu einem gewissen Abschluß gebracht. War schon in den früheren Bearbeitungen durch H. J. Müller die Substanz der alten Bücher fast ganz vernichtet worden, so kann man wohl sagen, daß in der letzten Ausgabe nur noch der Name Ostermann geblieben ist. Anordnung und Aufbau wurden geändert. Im Anfangsunterricht wurde vom Verb als der Seele des Satzkörpers ausgegangen. Dadurch wurde erreicht, daß von vornherein nichtssagende Einzelsätze fast ganz vermieden und durch Verwendung zusammenhängender Stücke der Lesestoff inhaltsreicher, anregender und zweckdienlicher gestaltet wurde. Durch Einschränkung der Verweisungen und Übersetzungshilfen wurde dem gedankenlosen Übersetzen, das früher zweifellos über der angelernten Form gar nicht zum Erfassen des Inhalts kam, eine Schranke gesetzt. Demselben Zweck diente die freiere Gestaltung des deutschen Ausdrucks. Unleugbar war früher das Deutsch oft ein Übersetzungsdeutsch gewesen und hatte den Schüler des eigenen Nachdenkens überhoben. Jetzt wurde er vor die Aufgabe gestellt, in bescheidenem Umfang die deutsche Vorlage in eine lateinische Fassung umzudenken.

Auch für die Bedürfnisse der neu begründeten Reformanstalten, die Latein auf einer späteren Klassenstufe beginnen, mußte ebenso wie für die neuen Mädchenstudienanstalten gesorgt werden. Unter den von mir verfaßten Lehrbüchern, die sich diesen Verhältnissen anpaßten, hat besonders die Ausgabe C wegen ihrer Verwendbarkeit auch an Kursen für Erwachsene, an Lehrerseminaren und ähnlichen Organisationen einen weiten Wirkungskreis gefunden und wird noch heute viel gebraucht. Die Schwierigkeit lag bei allen diesen Büchern in der Notwendigkeit, das Pensum in soviel kürzerer Zeit zu bewältigen und doch eine solide Grundlage zu schaffen. Ermöglicht wurde das nur durch die größere Reife der Schüler, die ja auch schon formal und lexikalisch durch das Französische vorgebildet waren, sodann durch eine strenge Beschränkung auf das Unerläßliche, eine scharfe Gliederung des Ganzen, ein bewußtes Isolieren aller Schwierigkeiten und ein überlegtes Fortschreiten vom Leichteren zum Schwereren. Das Übungsbuch sollte nur den Lehr- und Wiederholungsstoff bieten; der Schwerpunkt des Unterrichtes sollte von Anfang an in den unmittelbaren Gedankenaustausch zwischen Lehrer und Schüler verlegt werden und unter Umständen, analog dem Betrieb der neuen Sprachen, auf die auch in lexikalischer und syntaktischer Beziehung ständig zurückgegriffen wurde, zum mündlichen Gebrauch der Sprache und zu eigener Produktion in dieser führen. Der Verbindung des Lateinischen mit den neuen Sprachen galt auch ein Abriß der lateinischen Satzlehre mit Heranziehung des Französischen und Englischen von Rudolph und mir, der einen der ersten Versuche einer vergleichenden Syntax darstellt und sehr freundliche Aufnahme gefunden hat.

An der Anregung und Ausgestaltung aller dieser Bücher hat Dr. Giesecke einen ganz hervorragenden Anteil. Bei aller Freiheit, die er den Bearbeitern ließ, übte er doch durch sein intuitives Urteil, seine umfassende Kenntnis des Literarischen und Fachmäßigen und durch sein sicheres Gefühl für das Bedürfnis der Schüler einen starken Einfluß auf die Gestaltung des Ganzen aus. Besondere Freude machte es ihm, daß die Bücher seines Verlages je länger je mehr auf die Persönlichkeit des Lehrers zugeschnitten wurden, dessen Geist allein Pläne und Verordnungen mit Leben erfüllen könne. Für unsere Jugend wünscht er sich einen unverzärtelten Wirklichkeitssinn, der sich in die Zeit schickt, aber doch zugleich eine starke Lebensbejahung und bei allem Ernst der Arbeit ein allzeit fröhliches Herz, kurz eine geistige Atmosphäre, die kleinlichen Sinn und Engherzigkeit unfehlbar erstickt. Und das ist eine nationale Aufgabe von nicht geringer Bedeutung. Wenn Dr. Giesecke an ihr mitarbeitet, bleibt er auch darin den Traditionen seines Hauses treu.

II. DIE NEUERE ENTWICKLUNG
VON WILHELM HARTKE

„Und umzuschaffen das Geschaffne,
damit sich's nicht zum Starren waffne,
wirkt ewiges, lebend'ges Tun – –.
Es will sich regen, schaffend handeln,
erst sich gestalten, dann verwandeln;
nur scheinbar steht's Momente still.
Das Ewige regt sich fort in allen:
denn alles muß in nichts zerfallen,
wenn es im Sein beharren will."

(Goethe.)

Der „Ostermann" war allmählich zu gut geworden; wenn ein besseres, dann mußte ein ganz anderes, ein durchaus neues Lehrbuch geschaffen werden. Da arbeitete am Städtischen Gymnasium in Bonn der geniale Karl Meurer, ein selbst begeisterter Humanist und seine Schüler begeisternder Lehrer, hervorgegangen aus der Bonner Philologenschule. Dazu kam der von Paul Cauer stark beeinflußte Emil Niepmann, ein – ich muß sagen – hinreißender Direktor. Beide zusammen zeigten in einem Gymnasialprogramm, wie man durch Verwertung der damals gerade ausgereiften Ergebnisse der historischen Grammatik neues Leben in den altsprachlichen Unterricht bringen könne. Das war etwas für uns junge Leute, die damals dank der besonderen Gunst der Anstellungsverhältnisse sehr früh ins Amt gekommen und auch schon „jugendbewegt" waren. Dr. Giesecke bemerkte diese Bewegung sofort und wußte den Wind in seine Segel zu fassen; er wußte auch die *πνεύματα* zu unterscheiden und erteilte u n s den Auftrag, ein neues Lehrbuch der lateinischen Sprache auf sprachwissenschaftlicher Grundlage zu schaffen. Wir ließen alles, was vorher an Lehrbüchern geschrieben worden war, beiseite und lasen wieder die Autoren und die Inschriften, hielten das Interessanteste aus ihnen, besonders das kulturkundlich Wertvolle, für gerade gut genug, um es den Schülern zu bieten, so daß ein Professor der alten Sprachen und der Eloquenz in Bonn sogar einmal meinte, wir nähmen der Universität das Beste vorweg. Wir hatten mit hellen rheinischen, Bonner Jungen zu tun und haben damals ein Lehrbuch geschaffen, den „Hartke-Niepmann", das in Bonn mit vollem Erfolge durchgearbeitet werden konnte, für durchschnittliche Schüler und Schulen aber wohl etwas zu hoch gegriffen war, das jedoch Bahn gebrochen hat und von den vorwärtsstrebenden Altphilologen als Morgenröte einer neuen Methodik begrüßt worden ist. So hat sich also auch im altsprachlichen Unterricht das Neue schon vor dem Kriege angekündigt, aber der Krieg hat wie auf andern Gebieten so auch hier zunächst die Weiterentwicklung unterbrochen.

Nach dem Kriege kam die Revolution; die Welt wurde wieder jung. Es ist das Recht jugendlicher Zeiten, zunächst einmal von allem Geschichtlichen abzusehen. Mit dem Schlagwort „Historismus" verwarf man auch das Gymnasium. Es kam der Antike gegenüber eine Baccalaureusstimmung auf:

„Anmaßlich find' ich, daß zur schlechtsten Frist
man etwas sein will, wo man nichts mehr ist."

Man redete wieder von den alten Sprachen als von den veralteten: „Am besten wär's, sie zeitig totzuschlagen!" Dr. Giesecke, der die Antike liebte und die Gegenwart verstand, trat mit den von ihm herausgegebenen Büchern „Vom Altertum zur Gegenwart" und „Das Gymnasium und die neue Zeit" für ihre Versöhnung ein. Die jugendliche Zeit entdeckte dann auch bald, daß ihr nichts so verwandt ist wie die Jugendzeit des Geistes der abendländischen Bildung, die Antike. So leben wir jetzt geradezu im Anfange eines neuen Humanismus, und die Einsichtigen beherrscht jetzt nur noch die eine Sorge, daß man nicht aus Humanismus das Gymnasium bekämpft, wie man aus Religion die Kirche bestritten hat.

Die preußischen „Richtlinien" sind überstürzt herausgegeben worden; dazu sind sie von einem Manne redigiert worden, dessen liebstes Kind die sogenannte Deutsche Oberschule war. Lieber wollen wir weniger Gymnasien als so verstümmelte, wie wir sie jetzt haben. Aber das ungeheure Verdienst hat doch Richert, und das muß ihm aufs tiefste gedankt werden, daß er alle die neuen methodischen Gedanken, die schon vor dem Kriege in den Herzen und Köpfen der besten Lehrer nicht nur gewühlt, sondern auch schon Gestalt gewonnen hatten, machtvoll zusammengefaßt und mit seiner bekannten Energie die ganze Lehrerschaft in Bewegung gebracht hat. Es herrscht doch jetzt dank der Leistung

Richerts ein inneres Leben in den Schulen wie seit 100 Jahren nicht. Mag man in den übrigen deutschen Ländern die Stundentafeln der preußischen Richtlinien ablehnen; dem von Richert entbundenen Geiste muß man sich doch beugen.

Neuen Geist soll man in neue Schläuche fassen. Wieder war Dr. Giesecke rechtzeitig auf dem Plane, und sehr bald nach den „Richtlinien", deren Richtung er, feinfühlig wie immer, schon im voraus nach den Zeichen der Zeit richtig erschlossen hatte, erschien der „Ludus Latinus" mit seinen ersten Bänden. Der zuletzt von Michaelis und Fritzsche redigierte „Ostermann" und der „Hartke-Niepmann" stellten für das neue Werk je einen der beiden Herausgeber, ein Symbol dafür, daß es eine Synthese zwischen dem Alten und dem Zu-Neuen zu bringen versucht. Dazu traten junge Kräfte, Dr. Salomon und F. Wolff. Trotz allerstärkster Konkurrenz hat sich der Ludus Latinus, zusammen mit den beiden Ausgaben für Reformschulen verschiedener Art, der „Vita Romana", die von Wolff und Michaelis, sowie der „Lingua Latina", die von Salomon und Hartke herausgegeben wurden, jetzt schon über tausend Latein treibende Schulen aller Art erobert.

Es war ein glücklicher Umstand, daß die Verfasser dicht beieinander wohnten und regen Gedankenaustausch pflegen konnten, aber die entscheidenden Beschlüsse sind immer unter starker Teilnahme und wesentlicher Einwirkung von Dr. Giesecke gefaßt worden. „Ille autem, sui iudicii, potius, quid se facere par esset, intuebatur quam quid alii laudaturi forent" (wie Cornelius Nepos von dem „Verleger" Atticus sagt). „In quo si tantum eum prudentem dicam, minus quam debeam praedicem, cum ille potius divinus fuerit, si divinatio appellanda est perpetua naturalis bonitas, quae nullis casibus agitatur neque minuitur" (Nepos von demselben Atticus). In einer ungeheuren und von uns allen, die es beobachten konnten, aufs höchste bewunderten Arbeit hat er seinen Verlag durch die für ihn gefährliche Krise glücklich hindurchgesteuert.

Neben den lateinischen Unterrichtswerken erschien die griechische Palaistra von Weynand und die in gleicher Weise wie die lateinische aufgebaute und mit dieser auch durch Personalunion verbundene griechische Grammatik von Lotz-Kroymann-Sandmann. Beide Werke wollen nicht fertig sein, sondern werden sich weiter den Wünschen, die die Praxis erhebt, anzupassen wissen; beide werden aber auch weiter enge

Fühlung mit der Universität halten, d. h. mit dem Fortschritte der Wissenschaft. Der Gedanke der Parallelgrammatiken, die um eine gleiche philosophische Grundauffassung von Sprache überhaupt in gleicher Terminologie konzentriert sind, wird auf die übrigen Schulfächer ausgedehnt werden.

Daneben laufen die altbewährten Zeitschriften, die „Neuen Wege zur Antike" und die neuen Textausgaben der Reihe TS und der eclogae graecolatinae. Vorbildlich erscheinen die neuen Tragikerausgaben für Schulunterricht und Privatlektüre; die Erklärungen setzen das Wissen und Verständnis eines Primaners voraus; in der Einleitung werden in knappster Form Wege zum Verständnis des Dramas gewiesen; im Anhange soll der Leser dazu geführt werden, auch metrisch die Schönheit der Chorlieder zu begreifen. Bilder fehlen nicht. Es ist auf glatten Text verzichtet worden; an den verderbten Stellen sind Lesarten und gegebenenfalls Heilungen im Kommentar besprochen. Für die Auswahl der zu lesenden Schriftwerke hat Dr. Giesecke bereits 1919 in dem erwähnten Buche „Das Gymnasium und die neue Zeit" aus seiner Vertrautheit mit den inneren Notwendigkeiten der Arbeit des Gymnasiums das gewünscht, was sechs Jahre später die „Richtlinien" gefordert haben. Wenn man noch einen Wunsch äußern dürfte, so wäre es der, daß der Verlag bedeutende Vertreter der Wissenschaft finden möge, die etwa im Stile des „Gercke-Norden" durch immer wieder zu erneuernde Einleitungen zu den Schulschriftstellern den Lehrern immer wieder frische Anregungen für den Unterricht geben könnten, bei denen das Hauptziel sein müßte, durch wissenschaftlich zuverlässige Hilfen zur Interpretation den Gehalt der antiken Autoren für die παιδεία wirksam zu machen.

Möge es Dr. Giesecke noch lange vergönnt sein, seine Arbeit mit dem bisherigen Erfolge zu tun. Ein Verleger muß manchmal kräftig durchgreifen; er erlebt viel Menschliches-Allzumenschliches, der Verleger eines so hervorragenden Verlages wie des Teubnerschen sogar so viel, daß er sich manches Mal mit „Adamson"-Stimmung trösten und denken mag: „Wenn ich nicht Alexander wäre, möchte ich Adamson sein." Wir wissen aber, daß Dr. Giesecke im Innersten Humanist, ja, was ja noch mehr ist, ein Mensch ist – um zum dritten Male Nepos über Atticus zu zitieren – „maximum existimans quaestum memorem gratumque cognosci simulque aperiens se non fortunae, sed hominibus solere esse amicum".

PHILOSOPHIE UND PÄDAGOGIK

VON

THEODOR LITT

So reizvoll und so lehrreich es wäre, die Gesamtheit der Publikationen zu überschauen und zu würdigen, mit denen sich der Verlag B. G. Teubner während des hier zu betrachtenden Zeitraumes auf den in der Überschrift genannten Gebieten betätigt hat, so nötigen mich doch die Umstände, aus diesem Ganzen lediglich zwei Persönlichkeiten mit ihrem geistigen Werk herauszuheben. Und das tiefere Recht dieser Aussonderung liegt darin begründet, daß nicht nur den zu betrachtenden Männern eine überragende Bedeutung auf dem Felde ihrer Arbeit von allen Seiten bereitwilligst zuerkannt wird, sondern auch gewisse Züge von typischer Bedeutung an ihnen hervortreten, sobald man ihr Sinnen und Streben in weitere Zusammenhänge einstellt. Gemeint sind W. Dilthey und G. Kerschensteiner, der Philosoph und der Pädagoge. Keines Wortes bedarf es, um zu begründen, was für die weitere Öffentlichkeit – auch jenseits der wissenschaftlich bzw. beruflich näher beteiligten Kreise – die geistigen Schöpfungen der Genannten bedeuten, die der Verlag uns zugänglich gemacht hat. Wenn es vor ein oder zwei Jahrzehnten noch nötig sein mochte, den Wert des durch sie Geschaffenen vor Mißdeutung und Widerspruch zu sichern, so stehen sie heute als allseitig anerkannte Repräsentanten von geistigen Grundrichtungen der Zeit vor unseren Augen.

Gerade in dieser Stellung aber lassen sie auch Wechselbezogenheit und Verschiedenheit des in ihnen sich darstellenden Wollens deutlich offenbar werden. Es gibt eine Stelle, wo ihre maßgebenden Tendenzen sich begegnen. Sie ist bezeichnet durch das Problem einer wissenschaftlichen Begründung der Erziehungsarbeit. Daß und weshalb ein Kerschensteiner früher oder später auf dies Problem stoßen mußte, versteht sich von selber. Je mehr sich der Umfang seines pädagogischen Wirkens weitete, je stärker ihn die praktischen Forderungen und Nöte dieses Lebensbezirks bedrängten, um so unabweisbarer mußte er das Bedürfnis verspüren, dies alles durch eine theoretische Besinnung zu letzter Klarheit zu bringen und in einen gedanklichen Zusammenhang einzustellen. Weniger offenkundig sind die Motive, die einen Dilthey auf diese Frage stoßen ließen. Jene mit Recht bewunderte Tiefe des nacherlebenden Verstehens, die ihn zum berufenen Deuter der schaffenden und gestaltenden Kräfte des Geistes und ihrer Werke stempelt, scheint ihn auf eine mehr betrachtende Stellung zum Dasein hinzuweisen, während die Erziehung ihrem Wesen nach ein tätiges Eingreifen in ebendieses Dasein bedeutet. In diesem Sinne scheint Kerschensteiner, der ganz und gar in der Sphäre des tätigen Lebens verwurzelt ist, geradezu den Gegentypus zu der in Dilthey verkörperten Form des Menschentums zur Darstellung zu bringen. Aber diese Entgegenstellung würde, so scharf gefaßt, den wirklichen Sachverhalt entstellen. Daß auch Dilthey dem Problemkreis der Erziehung nahetritt, das entspringt aus einem Drang zu tätiger Wirksamkeit, der aus seinem Wesen nicht fortgedacht werden kann und darf. Die Spannung zwischen der vita contemplativa und der vita activa hat er nicht etwa bloß in der Welt des Geistes, die er durchforschte, beobachtet, nicht etwa bloß in ihren psychologischen Grundlagen analysiert, sondern auch an und in sich selbst erfahren. Ja, man bemerkt an ihm, und nicht an ihm allein, die eigentümliche Tatsache, daß gerade die leidenschaftlich teilnehmende Versenkung in die Gestaltenfülle der geistigen Welt zum treibenden Motiv den Wunsch hat, diese Welt durch eigene Gestaltungen zu bereichern, die mehr sind als bloße Dokumente der Forschung, die neues Leben erwecken. Ein solcher Trieb aber darf ein pädagogischer heißen, sobald man dem Begriff der Pädagogik die mögliche und nötige Weite gibt. Deshalb ist Diltheys Annäherung an die pädagogische Zone eine Tatsache von höchster physiognomischer Bedeutung.

Noch deutlicher aber tritt der hiermit angedeutete Zusammenhang hervor, wenn man den komplementären Vorgang ins Auge faßt, der sich in der Entwicklung Kerschensteiners vollzogen hat. Er ist ja, wie wir sahen, ausgegangen von dem Bezirk einer tätigen Auseinandersetzung mit dem Leben, den Dilthey mit einer uneingestandenen Sehnsucht wieder und wieder gesucht hat. Und nun ist es so lehrreich, zu sehen, wie Kerschensteiner mit einer unausweichlichen Notwendigkeit auf eben den Punkt hingedrängt wird, an dem sich Dilthey, von der anderen Seite her, dem Bereich des tätigen Lebens am meisten annähert. Da, wo dem Mann des betrachtenden Lebens die Sphäre der Praxis am deutlichsten sichtbar wird, da sucht der Mann des tätigen Lebens die theoretische Klarheit über das, was den Inhalt seiner Lebensarbeit ausmachte. Die Theorie des erziehenden Tuns – sie ist es, der nun die Bemühungen des auf seine Lebensernte zurückblickenden gereiften Mannes gelten. Auf der Mitte des Weges begegnen sich so der Deuter des Geistes, der gestalten möchte, und der Gestalter des Geistes, der deuten möchte. Und es ist gleichsam das letzte Siegel auf diese Zusammengehörigkeit, daß Kerschensteiner, je tiefer er in die inneren Voraussetzungen seines pädagogischen Wollens und Tuns eingedrungen ist, um so stärker den geistigen Einfluß der philosophischen Denkrichtung erfahren hat, für die der Name W. Dilthey gleichsam ein Symbol bedeutet.

So dürfen wir in der Tat sagen, daß die beiden Namen, denen wir unsere Betrachtung unterstellten, in dieser Koordination mehr bedeuten als eine zufällige und äußerliche Zusammenstellung. Ihre Träger bringen zwei Richtungen der geistigen Bewegung zum Ausdruck, die notwendig zueinander gehören. Und zwar bildet das erzieherische Tun nur einen Sonderfall, der diese Zusammengehörigkeit besonders eindrucksvoll darstellt. Die geistige Gesundheit unserer Kultur hängt davon ab, ob es gelingt, jenes echte Verhältnis zwischen Denken und Tun, Besinnung und Verwirklichung herzustellen, auf das Goethe so oft und gerne hingewiesen hat. Auch die philosophische Reflexion und die pädagogische Tat werden fort und fort um den Ausgleich zu ringen haben, um den wir die beiden hier betrachteten Männer bemüht sehen.

Und endlich dürfen wir auch die Arbeit des Verlages, der uns die Werke der Genannten zugänglich gemacht hat, die Arbeit des Mannes, dem diese Seite der Verlagstätigkeit schon so lange untersteht, aus denselben Einsichten heraus deuten und bewerten. Daß hier das rechte Bewußtsein von der pädagogischen Mission des Verlages gewaltet hat, daß dieses Bewußtsein die ruhige Besinnlichkeit mit dem Mut zur zugreifenden Tat in sich vereinigte, davon haben sich alle diejenigen überzeugen können, die die Früchte ihrer theoretischen Erwägungen gerade an dieser Stelle und durch diese Vermittelung der Praxis des Lebens zuzuführen sich entschlossen hatten.

Wir wünschen dem Träger dieser beglückenden und verpflichtenden Überlieferung an dem Abschnitt seines Lebens, den er feiert, die unverminderte Rüstigkeit und Freudigkeit des Schaffens, die die Fortdauer dieses Geistes gewährleisten.

RELIGIONSWISSENSCHAFT UND RELIGIONSUNTERRICHT

VON

HANS LIETZMANN

Es war gegen Ende der achtziger Jahre des vorigen Jahrhunderts, als die in immer steigendem Maße von der reinen Textbehandlung zur kulturellen Eroberung des Altertums übergehende Philologie auch die Geschichte der Religion in den Kreis ihrer Forschung einzubeziehen anfing. 1889 erschien das „Weihnachtsfest" von Hermann Usener und der „Herakles" von Wilamowitz gleichzeitig, im Jahre darauf Erwin Rohdes „Psyche". Mit diesen drei Büchern wurde für die antike Religionsgeschichte und nicht minder für die Geschichte des Christentums in der alten Welt eine Epoche eröffnet, die zu den ertragreichsten gehört, welche die ruhmvolle Geschichte der Altertumswissenschaft kennt, und deren Wirkungen auch in der Gegenwart noch immer mit ungeschwächter Kraft weiterdauern. Schnell zeigte sich auch in den Veröffentlichungen des Teubnerschen Verlages diese neue Einstellung. Es sieht wie ein Symbol aus, daß 1890 Useners kleine, an einen hagiographischen Text anknüpfende Studie über den hl. Theodosius bei Teubner verlegt wurde, der 1895 die von Usener inspirierten Ausgaben der „Vita S. Hypatii" und „S. Porphyrii Gazensis" folgten. Von den „Sonderbaren Heiligen" ist nach des Meisters Tode 1907 noch „Das Leben des hl. Tychon" gefolgt. Aber im vierten Bande der „Kleinen Schriften" Useners ist dann die ganze Fülle religionsgeschichtlicher Studien zusammengefaßt worden, nachdem schon 1907 eine Reihe von acht auch für weitere Kreise bestimmten Arbeiten unter dem Titel „Vorträge und Aufsätze" vorgelegt worden war.

Aber noch früher als sein Lehrer hatte Useners liebster Schüler Albrecht Dieterich eine religionswissenschaftliche Studie bei Teubner herausgebracht: seine in den Fleckeisenschen Supplementen erschienene Dissertation über den Leidener Zauberpapyrus ließ bereits ex ungue leonem erkennen. Es folgten in schnellem Wechsel „Abraxas", „Nekyia", die „Grabschrift des Aberkios", „Pulcinella", eine „Mithrasliturgie", „Mutter Erde", – man muß die Zeit als junger Philologe miterlebt haben, wenn man den Eindruck wiedergeben will, den diese kühnen Wikingerfahrten in bis dahin unbekannte Länder machten. Mochte auch dies und jenes nicht haltbar sein und das temperamentvolle Ungestüm den genialen Forscher auf Irrwege treiben, das galt uns wenig. Hier war ein Mann, der seine ganze Arbeitskraft mit leidenschaftlicher Hingabe an die Eroberung von religionswissenschaftlichem Neuland setzte, und das schlug durch. Es gab seit 1898 ein „Archiv für Religionswissenschaft" von bescheidener Bedeutung: aber als es 1904 in den Teubnerschen Verlag überging und Albrecht Dieterich die Redaktion übernahm, wurde es das Organ der neuen Bewegung und erlangte schnell die führende Stellung, die es bis heute innehat. Allzufrüh ging dies glänzende Gelehrtenleben zu Ende; schon 1908 wurde Dieterich abgerufen. Die Herausgabe seiner „Kleinen Schriften" betreute Richard Wünsch (1911), der ihm auch in der Redaktion des „Archivs" folgte – bis ihn 1915 im Felde die Kugel traf. Zu dem Kreis der Usenerschüler gehörte auch Paul Wendland, der vom Studium der griechischen Philosophie herkommend sein Augenmerk auf Philo gerichtet hatte. Seine Schrift über die Therapeuten (1896) hat ihre erhebliche religionsgeschichtliche Bedeutung. Die 1902 erschienene Skizze über „Christentum und Hellenismus in ihren literarischen Beziehungen" deutet bereits die Grundlinien seines späteren Hauptwerkes an. In Gercke-Nordens „Einleitung" schrieb Wendland eine kurze, aber fein durchdachte Übersicht über die christliche Literatur der griechischen und lateinischen Zunge.

Hatte Dieterich die naturreligiöse Vorstellungswelt verfolgt und alten Kultbrauch, liturgische Formen, Zauberbücher und volkskundliche Quellen für das Verständnis antiker Religion herangezogen und von hier aus auch die innere Zersetzung der Antike und die volkstümlichen Anschauungen des älteren Christentums zu erklären versucht, so begann nicht lange nach der Jahrhundertwende Richard Reitzenstein das Problem speziell der spätantiken Religiosität von einem anderen Gesichtspunkt aus anzugreifen: und auch hier war der Teubnersche Verlag der Vermittler seiner weitreichenden Anregungen. Es erschien anfangs fast wie eine unerlaubte Kühnheit, als er in seinem „Poimandres" (1903) das im frühen vierten Jahrhundert zusammengestellte Corpus der sogenannten Hermetischen Schriften in ältere und jüngere Bestandteile zu scheiden und im Hinblick auf die zugrunde liegenden religiösen Elemente zu analysieren unternahm. Und nun traten gar altägyptische Texte auf der einen, frühchristliche Schriften auf der anderen Seite als redende Zeugen in der Debatte auf: das Buch wich nicht minder stark wie Dieterichs Arbeiten von dem gewohnten Weg philologischer Forschung ab. Und es hat sich doch durchgesetzt – nicht in allen Einzelheiten, was bei einem solchen ersten Versuch gar nicht zu erwarten war, aber in der Problemstellung und der Methodik der Analyse eines derartigen hellenistischen Komplexes religiöser Lebensäußerungen, dessen Beziehungen auf christliche Vorstellungen augenscheinlich waren.

Eben diesem Problem der Beeinflussung des Christentums durch hellenistische Mystik ist Reitzenstein dann im einzelnen nachgegangen in seinem aus einem Vortrag erwachsenen und durch eine Fülle von Anmerkungen und Exkursen erweiterten Buch „Die hellenistischen Mysterienreligionen" (1910), das gerade in theologischen Kreisen lebhaft begrüßt wurde und neben heftiger Ablehnung warme Anerkennung gefunden hat. Die moderne theologische Arbeit ist ohne Reitzensteins Buch gar nicht mehr zu denken, und drei Auflagen (1910, 1920, 1927) bezeugen sowohl seine eifrige Benutzung als auch die stetige Weiterarbeit, die der Verfasser selbst dem Problem gewidmet hat. Die fortschreitende Erweiterung des Quellenmaterials hat ihn später von Ägypten nach dem Iran geführt und ihn dort den wichtigsten Ausgangspunkt für die orientalische Erlösungsmystik finden lassen. Die 1926 gemeinsam mit H. H. Schaeder publizierten „Studien zum antiken Synkretismus aus Iran und Griechenland" geben davon eindringlich Zeugnis.

Von einer dritten Seite aus fand Franz Boll einen Zugang zu spätantiker Religiosität: er drang in die geheimnisvolle Weisheit der Astrologen ein und wies die Zusammenhänge auf, die zwischen griechischem und orientalischem Sternglauben bestehen. Seine „Sphaera" (1902) bedeutete einen ungewöhnlich glücklichen Eroberungszug in ein bis dahin kaum betretenes Land und brachte auch für die Religionsgeschichte reiche Ausbeute, die Boll auch für die Genesis christlicher Vorstellungen auszuwerten wußte. Während auf orientalischem Gebiet die wild konstruierende Phantastik astraler Mythologie wahre Orgien feierte, blieb in der griechischen Philologie die Arbeit in den von Boll vorgezeichneten Bahnen ruhiger Besonnenheit, und sie hat doch den Flug in die Weite von Raum und Zeit gewagt. Die großzügig geschriebene Geschichte der Astrologie, die Boll „Sternglaube und Sterndeutung" betitelt hat, ist dafür Zeugnis (1917); in 3. Auflage hat sie nach Bolls Tode W. Gundel sachkundig fortgeführt und unter Mitwirkung der Bibliothek Warburg herausgegeben.

Und wieder einen neuen Weg fand zu verwandtem Ziel Eduard Norden. Schon seine „Antike Kunstprosa" (1898) hatte gezeigt, daß seine Arbeit mit gleicher Eindringlichkeit die Stilprobleme der christlichen Prosa behandelte, wie sie der im engeren Sinne antiken Literatur zuteil wurde. Man spürt es dem Buche an, mit welcher Entdeckerfreude der Verfasser die gerade von der christlichen Literatur besonders scharf gestellten Fragen nach der Art der Entstehung der spätantiken Formgebung aufnimmt und der Lösung nachsinnt. Es muß jetzt nach dreißig Jahren gesagt werden, daß trotz der starken Wirkung, die das Buch auf die Forschung ausgeübt hat, die Fülle der darin enthaltenen Anregungen noch längst nicht ausgeschöpft ist. Von der Stilfrage aus fand Norden nun auch den Weg zur Religionsgeschichte, indem er den Ausdrucksformen religiöser Rede nachspürte. Vom 17. Kapitel der Apostelgeschichte geht sein „Agnostos Theos" aus (1913), analysiert die Rede des Apostels Paulus auf dem Areopag nach Inhalt und Form, erörtert die Herkunft der leitenden Gedanken und geht dann zu einer in ungeahnte Weiten und Tiefen führenden Stilgeschichte der Gebets- und Prädikationsformen über.

Um die Jahrhundertwende begannen die bahnbrechenden Arbeiten Franz Cumonts über den Mithraskult und andere religiöse Strömungen orientalischer Herkunft Aufsehen zu erregen und unsere Kenntnis der spätantiken Geisteskultur zu erweitern und zu vertiefen. Es ist ein Verdienst des Teubnerschen Verlages, die beiden für einen weiteren Leserkreis bestimmten Werke über den Mithraskult und die orientalischen Religionen im römischen Heidentum in der sachkundigen Übersetzung von Georg Gehrich der deutschen Leserwelt bequem zugänglich gemacht zu haben. Aus der Fülle der religionsgeschichtlichen Monographien seien noch die „Abhandlungen zur römischen Religion" von A. v. Domaszewski (1909), die Studie von Nilsson über „Griechische Feste", von Samter über „Geburt, Hochzeit und Tod" und von Stengel über die „Opferbräuche der Griechen" herausgehoben. Walter Ottos grundlegendes Werk über „Priester und Tempel im hellenistischen Ägypten" (1904–1908) brachte ein gewaltiges Material zusammen und gewann daraus ein ebenso reizvolles wie an neuen Aufschlüssen reiches Bild der hellenistischen Kultur Ägyptens.

Und wie der lateinische „Thesaurus" neben den Texteditionen, so geht neben all diesen religionsgeschichtlichen Arbeiten seit dem Jahre 1884 einher W. H. Roschers „Ausführliches Lexikon der griechischen und römischen Mythologie". Das zur Zeit bis „Windgötter" gediehene Werk ist längst zum unentbehrlichen Arbeitsinstrument aller religionsgeschichtlichen Forschung geworden und birgt die Schätze treuester Kleinarbeit fast eines halben Jahrhunderts in übersichtlicher Zusammenstellung. Für die antike Religionsgeschichte bedeutsam wurde bald ein Unternehmen, das von der Bibliothek Warburg ins Leben gerufen ist und gerade in den schweren Jahren, als die deutsche Wissenschaft von der Inflation bedroht um ihre Wirkungsmöglichkeit rang, großen Segen gestiftet hat. In den „Studien" der Bibliothek Warburg sind neben anderen die Religionswissenschaft berührenden Büchern Nordens „Geburt des Kindes" und Reitzenstein-Schaeders „Studien zum antiken Synkretismus" erschienen. Die „Vortrag"-Serie derselben Bibliothek behandelt eine Fülle von Themen aus dem Gebiete der antiken und christlichen Religionen.

Es ist für den modernen Betrieb der antiken Religionsgeschichte bezeichnend, daß er nicht mehr, wie es früher üblich war, vor den Grenzen der christlichen Kirche haltmacht; Grenzen werden grundsätzlich nicht mehr anerkannt, und der Forscher betritt entschlossen nicht nur die einst von Theologen ängstlich gehüteten Hallen, sondern auch die teils blumigen teils dornigen Gefilde, auf denen die Orientalisten und Ägyptologen ihre Nahrung haben. Die von Usener angebahnte philologische Arbeit an hagiographischen Aufgaben hat L. Deubner in seiner Dissertation über die Inkubation und dann in der wertvollen Monographie über die Heiligen Kosmas und Damian weitergeführt. G. Anrich lieferte eine stoff- und ergebnisreiche Studie über den hl. Nikolaus, und J. B. Aufhauser behandelte, von der byzantinischen Forschung herkommend, das Drachenwunder des heiligen Georg.

Unter den größeren Unternehmungen, welche auch religiöse und speziell christliche Dinge in ihr Gebiet einbezogen, ist an erster Stelle die von Krumbacher 1892 begründete „Byzantinische Zeitschrift" zu nennen. In zahlreichen Aufsätzen, Besprechungen und den ungewöhnlich wertvollen Literaturübersichten leistete und leistet sie immer noch der theologischen Forschung nicht minder wichtige Dienste als der allgemeinen Kulturgeschichte der späteren Zeiten. Von hoher Bedeutung sind auch die Übersichten über die Geschichte und Systematik der christlichen Religion gewesen, die zu Beginn des Jahrhunderts in dem Sammelwerk „Kultur der Gegenwart" von den berufensten Gelehrten bearbeitet wurden. Inbesondere die Beiträge von Ernst Troeltsch haben damals eine starke Wirkung erzielt und lange Zeit die Problemstellung der weiteren Forschung beeinflußt. Aber auch in dem altphilologischen Teil desselben Sammelwerkes erschienen Beiträge, die für die theologische Arbeit neue Anregungen brachten. Wilamowitz in seiner Darstellung der griechischen, Leo und Norden in ihrer Behandlung der lateinischen Literatur zogen die Denkmäler christlichen Schrifttums in vollem Umfang heran und erzielten dadurch weithin ein völlig neues Verständnis für die spätantike literarische und geistesgeschichtliche Entwicklung. In dem wundervollen Studentenwerk, das Gercke und Norden unter dem Namen „Einleitung in die Altertumswissenschaft" geschaffen haben, hat Paul Wendland die christlichen Schriften dem übrigen Stoff geschickt eingegliedert.

Eine Ausgabe zweier griechischer Apologeten, des Aristides und Athenagoras, lieferte Geffcken in Kaibels „Sammlung wissenschaftlicher Kommentare" und fügte eine gründliche und weit sich ausbreitende Monographie über „Die christliche Apologetik und die Quellen ihres Gedankenmaterials" hinzu. Unter den von Eduard Schwartz meisterhaft gezeichneten „Charakterköpfen aus der antiken Literatur" befindet sich auch der des Apostels Paulus (1909). Und das Jahr 1913 bescherte aus derselben Werkstätte ein glänzend geschriebenes Buch über „Kaiser Konstantin und die christliche Kirche"; hier sind die reichen Einzelstudien, die im Anschluß an die Eusebausgabe in den „Göttinger Nachrichten" erschienen waren, zu lebensvollen Bildern gestaltet und in große Zusammenhänge eingeordnet. Dem auch von der „Byzantinischen Zeitschrift" eifrig gepflegten Gebiet der christlichen Archäologie und Kunstgeschichte gehören die reich illustrierten Reisewerke des Herzogs Georg zu Sachsen an, die von Streifzügen durch die Kirchen und Klöster Ägyptens, von dem Katharinenkloster am Sinai und Reisen in Nordsyrien berichten. Eine Monographie ist den Darstellungen des hl. Spyridon gewidmet.

Wir sehen, wie der Verlag durch die Entwicklung der philologischen Wissenschaft fast automatisch dazu getrieben wird, auch theologische Probleme in seinen Interessenkreis einzubeziehen. Aber noch von einer anderen Seite her wurde ihm dasselbe zur Pflicht gemacht. Unter den zahlreichen Unternehmungen zur Verbreitung wissenschaftlicher Erkenntnisse nimmt die Teubnersche Sammlung „Aus Natur und Geisteswelt" durch geschickte Auswahl und vorzügliche Bearbeitung der Stoffe einen hervorragenden Platz ein. Und als gegen die Jahrhundertwende – nach langer, allzu langer Versäumnis – auch die wissenschaftliche Theologie sich endlich auf die Verpflichtung besann, von den Methoden und Ergebnissen ihrer Arbeit weiteren Kreisen unseres Volkes Rechenschaft zu geben, hat die genannte Sammlung eine Reihe theologischer Publikationen eröffnet, die ihrem Zweck aufs beste gedient haben und immerfort dienen. Aus der Fülle seien herausgehoben „die Bergpredigt" und „die Gleichnisse Jesu" von H. Weinel, die sich durch pädagogisches Geschick bei der Einführung in die komplizierte Materie auszeichnen, die feine Studie über den „Apostel Paulus und sein Werk" von E. B. Vischer, die bisher das Altertum umfassende „Geschichte der christlichen Kirche" von Hans v. Soden, das Palästinabuch seines Vaters Hermann v. Soden, dann die „Grundzüge der israelitischen Religionsgeschichte" von Giesebrecht und Bertholet und J. Elbogens „Geschichte der Juden seit dem Untergang des jüdischen Staates". Ein kleines Meisterwerk sind des zu früh dahingeschiedenen Heinrich Boehmers „Jesuiten", und in noch höherem Maße gilt dies Urteil von seinem „Luther im Licht der neuen Forschung", einem Buch, das schließlich den Rahmen der Sammlung sprengte und gesondert erschienen ist. Denn inzwischen hat der Verlag auch andere Werke theologischen Inhalts herausgebracht. Da steht in vorderster Linie die volkstümliche Lutherbiographie Buchwalds, die sich schnell einen weiten Leserkreis errungen hat, und der eine hübsche Auswahl aus Luthers Briefen gefolgt ist. Streng wissenschaftlichen Charakter hat die von Kroker besorgte Ausgabe der in der Mathesiusschen Sammlung erhaltenen Tischreden Luthers. Kleinere Studien von Hauck über „Die Reformation in ihrer Wirkung auf das Leben" und v. Below über „Die Bedeutung der Reformation für die politische Entwicklung" bekunden noch weiterhin das evangelische Interesse des Verlages.

Es ist für die Arbeit der letzten Generation bezeichnend, daß sie mehr wie die Vorgänger Gewicht auf die Geschichte der Verfassungsformen legt. Für die alte Kirche sind die Namen Harnack und Sohm dafür Bürgen. Sohms einschneidende Studie über „Wesen und Ursprung des Katholizismus", die zuerst 1909 in den Abhandlungen der Leipziger Akademie erschien, ist danach als selbständige Schrift bei Teubner herausgekommen. Werminghoffs „Verfassungsgeschichte der deutschen Kirche im Mittelalter" ist als vorzügliche Leistung allerseits anerkannt worden und bildet gegenwärtig das allgemeine Nachschlagebuch für die einschlägigen Probleme. Es bildet einen Teil des „Grundrisses der Geschichtswissenschaft", in dem kein Geringerer als Sehling die „Geschichte der protestantischen Kirchenverfassung" behandelt hat. Das katholische Kirchenwesen stellt der bekannte Würzburger Kanonist Freisen in seiner „Verfassungsgeschichte der katholischen Kirche Deutschlands in der Neuzeit" vortrefflich und übersichtlich dar. Dem orientalischen Katholizismus gelten eine Reihe von Studien, die vom Breslauer Osteuropa-Institut herausgegeben werden: die galizische Kirche ist durch Korczok, die russische durch F. Haase behandelt worden. Und wie eindringlich der moderne Betrieb der Kulturgeschichte sich dem Studium religiöser Probleme widmet, kann man an den zahlreichen einschlägigen Arbeiten sehen, die in den „Beiträgen zur Kulturgeschichte des Mittelalters und der Renaissance" unter den Auspizien von Walter Goetz erschienen sind. Neben Venantius Fortunatus und Heiligen und Kirchenmännern des Frühmittelalters finden wir Monographien über den heiligen Franziskus, seine Regel und seine Wundmale; die Beziehungen der Bettelorden zum religiösen Volksleben werden untersucht, die Mystik des 13. Jahrh. aus den Aufzeichnungen der Dominikanerin Margarete Ebner beleuchtet. Der Reformationszeit sind Studien über Friedrich den Weisen und über die Grafschaft Ortenburg (bei Passau) gewidmet.

Noch von einer anderen Seite ist der Verlag schließlich zur Behandlung religiöser Fragen geführt worden: nämlich durch die Schule. Schon längst hatte er das allbekannte „Biblische Lesebuch für evangelische Schulen" von Strack und Voelker betreut und es vielen Generationen von Kindern in die Hand gegeben. Immer neue Durcharbeitung bemühte sich, das Buch auch wissenschaftlichen Anforderungen genügen zu lassen, und hat es zu einem guten Unterrichtsmittel entwickelt. Dazu kamen andere viel benutzte Hilfsbücher für den Religionsunterricht und nach dem Kriege die „Zeitschrift für evangelische Pädagogik". Die neuen preußischen Richtlinien brachten auch für den Religionsunterricht neue Anregungen, die insbesondere auf einen Ausbau des sogenannten Arbeitsunterrichts zielen. Dem hat der Verlag gern Folge gegeben und eine Reihe von Quellenheften herausgebracht, die, vielfach auf sorgfältigen Quellenstudien der Verfasser beruhend, schulmäßige Brauchbarkeit mit wissenschaftlicher Qualität vereinigen. Und dasselbe gilt von den „Hilfsbüchern für den Religionsunterricht an höheren Schulen", in denen Schulmänner und Universitätslehrer in gemeinsamer Arbeit sich bemüht haben, unserer Jugend das Beste vorzulegen, was die theologische Wissenschaft erarbeitet hat, in einer Auswahl und in einer Behandlung, die an dem entscheidenden Gesichtspunkt orientiert ist, daß es gilt „im Religionsunterricht Ehrfurcht vor dem religiösen Leben zu wecken, wie es sich in einer Geschichte von 3000 Jahren bekundet, und damit den Boden bereiten helfen für einen Samen, der von eines anderen Hand gestreut wird".

Es ist bisher die Entwicklung der religionsgeschichtlichen und theologischen Abteilung des Teubnerschen Verlags in ihrem Zusammenhang mit der Entfaltung der wissenschaftlichen Problemstellung geschildert worden, und wir haben uns an diesem glänzenden Beispiel eines organischen Zusammenwirkens von Wissenschaft und Buchhandel erfreuen dürfen. Aber erschöpft sind damit die treibenden Beweggründe für die vom Verlag geleistete Arbeit noch nicht. Es bleibt noch ein letztes zu sagen. Es ist Dr. Giesecke auch tief empfundenes Herzensbedürfnis gewesen, durch seine Verlagswerke zur Förderung des religiösen Lebens, zur Reinigung des Christentums und seines evangelischen Kirchenwesens von den „Schuttmassen zeitlich bedingter Glaubensvorstellungen" nach Kräften beizutragen. Er will in einer gottlosen und doch gottsuchenden Gegenwart die reine, schlichte Lehre Jesu von der Gottes- und Nächstenliebe auf den Leuchter gestellt und zur Wirkung gebracht wissen. Alle Schichten der Gesellschaft gilt es mit dieser Botschaft bekannt zu machen, die allein geeignet ist, in dem Wirrsal unserer Zeit die rechte Weisung zu geben. „Nur eine Religionsform, die innerlich mit dem diesseitigen Leben verbunden ist, kann unserem Geschlecht frommen": und das ist die im Sinne des deutschen Idealismus erfaßte Religion Jesu, „der Weg der Tat, des Uns-Einssetzens mit der göttlichen Liebe, indem wir selbst sie üben, jeder nach seiner Kraft und Fähigkeit". In einem ergreifenden Buch hat Dr. Giesecke das ausgeführt – es ist ohne seinen Namen erschienen und trägt den Titel „Religion und Kirche – und Jesus" – was in seinem Verlag die Forscher erarbeitet haben, mustert er hier durch und fragt nach den daraus entspringenden Gegenwartswerten: ein Rechenschaftsbericht, der besser als jedes fremde Wort von dem Geist kündet, der an der Arbeitsstätte von B. G. Teubner waltet.

DIE EVANGELISCHE KIRCHE UND DIE SOZIALE FRAGE

VON

JOHANNES HERZ

Zu der vielfachen Tragik der neueren deutschen Geschichte gehört nicht zuletzt die Tatsache, daß die große Schicht der Gebildeten, die Träger des deutschen Idealismus und der deutschen Kultur, die Vertreter der Wissenschaft und der Technik, die führenden Persönlichkeiten des Handels und der Industrie, im 19. Jahrhundert sowohl zu der landeskirchlichen Organisation des Protestantismus wie zu den sozialen Bewegungen und Problemen kein rechtes Verhältnis fanden.

Ganz anders hat sich die Lage z. B. in England gestaltet. In England wurde schon in den 30er und 40er Jahren des 19. Jahrhunderts durch Männer wie Thomas Carlyle und Charles Kingsley eine Verbindung zwischen dem gebildeten Bürgertum, den protestantischen Kirchen und der sozialen Bewegung hergestellt, die nie ganz abgerissen ist. Sie hat sich in der zweiten Hälfte des 19. Jahrhunderts namentlich in der Settlements-Bewegung wie in der Gründung der Fabian Society, der Christian Social Union und der Church Socialist League ausgewirkt und tritt gegenwärtig am deutlichsten in der englischen Copec-Bewegung in Erscheinung, die gleicherweise von dem gebildeten Bürgertum, von kirchlichen Kreisen und von Vertretern des Sozialismus getragen wird.

Daß die Entwicklung in Deutschland ganz anders verlief, wird man nicht nur den Gebildeten zur Last legen dürfen, die allerdings in Deutschland ihrer ganzen Erziehung und Überlieferung wie ihrer geistigen und seelischen Einstellung nach religiös und sozial viel weniger beweglich sind als die durch ihre Geschichte zu weit größerer Selbständigkeit erzogenen Angelsachsen. Einen großen Teil der Schuld trägt auch der deutsche Protestantismus und der deutsche Sozialismus. Jener, weil er immer geneigt war, die dogmatischen Fragen, die Frage der rechten Lehre, gegenüber den Fragen des praktischen Handelns in den Vordergrund zu stellen und dadurch viele Gebildete, die den dogmatischen Formulierungen vergangener Zeiten nicht zuzustimmen vermochten, von der Mitarbeit in der Kirche zurückschreckte. Dieser, weil er unter der Führung von Marx und Engels in einen ähnlichen Dogmatismus hineingeriet, einen Dogmatismus materialistischer und klassenkämpferischer Observanz, der dem gebildeten Bürgertum das Verständnis für die soziale Bewegung aufs äußerste erschwerte.

Nur einmal schien es, als sollten diese Schranken fallen. Das war in der Bewegung des Jahres 1848. Das liberale Bürgertum, das sich damals gegen Absolutismus und Bürokratismus, gegen geistige Reaktion und politische Knechtung auflehnte, hätte vielleicht für die sozialen Forderungen der Arbeiterschaft Verständnis zu gewinnen und der sozialen Bewegung die Hand zu reichen vermocht. Auch durch den deutschen Protestantismus ging damals ein neuer Frühling hindurch. Mitten in der Gärung des Revolutionsjahres tagte als ein Seitenstück zum Frankfurter Parlament in Wittenberg der erste Deutsche Evangelische Kirchentag und beschloß die Gründung eines Deutschen Evangelischen Kirchenbundes, die freilich damals nicht zur Ausführung kam, sondern sich erst nach den Erschütterungen des Weltkrieges verwirklichte. In Wittenberg hielt Wichern, der durch seine Arbeit an den Hamburger Proletarierkindern tiefe Einblicke in das soziale Elend getan hatte, seine bekannte Rede. Er hat sie im nächsten Jahre in seiner „Denkschrift an die deutsche Nation" veröffentlicht, nachdem er bereits 1848 eine Abhandlung „Die Proletarier und die Kirche" geschrieben hatte. In beiden Schriften stellt sich Wichern nicht, wie es bisher in der evangelischen Kirche Deutschlands üblich gewesen war, der sozialistischen Bewegung lediglich ablehnend und feindselig, sondern weitherzig und verständnisvoll gegenüber. Er erkennt rückhaltlos die Versäumnis und die Schuld der Kirche gegenüber dem Sozialismus an, wie es später auch die Botschaften von Bethel und Stockholm getan haben. Er redet von jenen „Indifferenten, die überhaupt meinen, die Dinge seien, wie sie eben sein sollen, die häufig sich mit der richtigen Lehre, die sie predigen, trösten und im grellsten Widerspruch mit dieser Lehre keinen Finger rühren, welchen also eigentlich die zugrundegehende Menge gleichgültig ist." Und gleich am Anfang der Denkschrift heißt es: „Wir setzen als Zugeständnis voraus, daß das, was der Sozialismus und Kommunismus im tiefsten Grunde seines Strebens verbirgt, die entstellten, aber doch Wahrheit bergenden Züge des Angesichts einer tiefgebeugten, schmerzerfüllten Menschheit sind, die sich in sozialer Beziehung nach Erlösung und Wiedergeburt sehnt." Auch darin eilt Wichern seiner Zeit weit voraus, daß er im Anschluß an Viktor Aimé Huber die christliche Barmherzigheitsübung und die Fürsorge alten Stils durch den Assoziationsgedanken zu ersetzen oder wenigstens zu ergänzen sucht, daß er neben den Verbindungen für Hilfsbedürftige Assoziationen der

Hilfsbedürftigen selbst zu schaffen empfiehlt. Wie anders wäre wohl die soziale und kirchliche Entwicklung in Deutschland verlaufen, wenn dieser Weckruf Wicherns in den maßgebenden kirchlichen Kreisen kräftigen Widerhall gefunden hätte und beherzigt worden wäre.

Das ist leider nicht geschehen. Wie die politische Bewegung des Jahres 1848 in der politischen Reaktion der folgenden Jahre rasch verebbte, so sind auch im deutschen Protestantismus die Anregungen des Wittenberger Kirchentages von 1848 nie zur rechten Entfaltung gekommen. Zwar versuchte Wichern immer von neuem die kirchlichen Kreise auf die soziale Not hinzuweisen und für soziale Betätigung zu gewinnen, wie seine Schriften „Die Wohnungsnot der kleinen Leute" (1857), „Die Aufgabe der evangelischen Kirche, die ihr entfremdeten Angehörigen wiederzugewinnen" (1869), „Die Mitarbeit an den sozialen Aufgaben der Gegenwart" (1871) beweisen. Aber all diese Stimmen verhallten ziemlich ungehört. Die Schicht der Gebildeten hatte offenbar ebensowenig Verständnis dafür wie die führenden Kreise der Kirche. So wurde die proletarische Arbeiterbewegung in Deutschland immer mehr in die Isolierung, in einen irreligiösen Materialismus und in den Klassenkampfgedanken hineingedrängt. Es gab für die Arbeiterbewegung weder zum gebildeten Bürgertum und damit zur Welt des deutschen Idealismus noch zur Kirche und damit zu den Werten des christlichen Glaubens irgendeine Brücke.

Auch die Stoeckersche Bewegung Ende der 70er und Anfang der 80er Jahre vermochte daran nicht viel zu ändern. Denn sie ging von Anfang an von falschen Voraussetzungen aus und falschen Zielen entgegen. Stoecker war durch seine ganze Entwicklung und Lebensführung der sozialen Frage gegenüber ganz anders eingestellt als Wichern. Als er 1877 die Leitung der Berliner Stadtmission übernahm und dadurch mit den sozialen Nöten des Proletariats in vielfache Berührung kam, trat er zwar für die Besserung der wirtschaftlichen Lage der Arbeiterschaft und für die Anerkennung vieler sozialpolitischer Forderungen des vierten Standes mit dem ganzen Temperament seiner impulsiven Persönlichkeit ein. Aber ihn trieb dabei weniger das soziale Verantwortlichkeitsgefühl als vielmehr die Sorge um die Zukunft von Staat und Kirche, mit deren Interessen er viel enger als Wichern verknüpft war. Für Stoeckers kirchlich-soziale Arbeit ist immer der kirchliche Gesichtspunkt, die Zurückgewinnung der Entfremdeten für die Kirche, das

Beherrschende, und seinen sozialpolitischen Vorschlägen haftet meist etwas von jener väterlichen Bevormundung an, die dem irregeleiteten Proletarier zeigen will, was wahrhaft zu seinem Besten dient. Bei aller warmen Anerkennung der Notwendigkeit, die krassen Mißstände der sozialen Entwicklung zu beseitigen und die wirtschaftliche Lage der Arbeiterschaft zu bessern, wird doch die sozialistische Bewegung grundsätzlich abgelehnt und über die Sozialdemokratie vielfach mit verständnisloser Schroffheit geurteilt. Mit Notwendigkeit ergab sich von hier aus für Stöcker der Weg in die Politik. Durch Schaffung politischer Konkurrenzorganisationen will er versuchen, den Einfluß der Sozialdemokratie auf die Arbeiterschaft zu brechen und durch Gründung einer christlich-sozialen Arbeiterpartei die Arbeiter aus dem sozialdemokratischen in das bürgerliche Lager herüberzuziehen.

Verstärkt wurden diese Tendenzen noch dadurch, daß auch dem Auftreten Stoeckers, genau wie seinerzeit dem Auftreten Wicherns, sehr rasch eine soziale Reaktionsperiode folgte. Anfang 1878 hielt Stoecker seine berühmte Eiskellerversammlung und veröffentlichte sein christlich-soziales Programm. Aber noch in demselben Jahre kam es unter dem Eindruck der Attentate auf den Kaiser zu dem Sozialistengesetz, das ungeheuer viel zur Verschärfung der sozialen Spannungen und der Klassengegensätze beitrug. Und im Jahre 1879 erließ der Preußische Evangelische Oberkirchenrat seine bekannte Ansprache, in der vor aller sozialen Betätigung der Kirche gewarnt und den Geistlichen gegenüber der Mitarbeit an den sozialen Fragen Vorsicht und Zurückhaltung empfohlen wurde.

Wenn dieser Rückschlag nicht von langer Dauer war, wenn trotzdem aus dem gebildeten Bürgertum wie aus kirchlichen Kreisen wieder versucht wurde, Brücken zur sozialistischen Arbeiterschaft zu schlagen, so ist das auf der einen Seite den sogenannten Kathedersozialisten zu verdanken, auf der andern Seite dem Kreis, der um Friedrich Naumann sich zusammenschloß. Eine Reihe führender Nationalökonomen, unter denen vor allem Adolf Wagner, Gustav Schmoller, Lujo Brentano und Max Weber zu nennen sind, wandten den sozialen Problemen ihr besonderes Interesse zu und setzten sich für eine zielbewußte Durchführung staatlicher Sozialpolitik ein. Politisch standen diese Männer auf sehr verschiedenem Boden. Aber bezeichnend für sie alle war, daß sie bei ihrem Kathedersozialismus nicht von irgendwelchen politischen Absichten – weder der politischen Förderung noch der politischen Bekämpfung der Sozialdemokratie – getrieben wurden, sondern daß sie lediglich aus ihren wissenschaftlichen Erkenntnissen heraus soziale Maßnahmen für die im Wirtschaftskampf Schwächeren, für das besitzlose Proletariat forderten. Gerade diese Reinheit ihres sozialen Wollens, diese Freiheit von allen politischen Nebenabsichten gab ihren Gedanken und Forderungen eine eigentümliche Kraft.

Zunächst ganz unabhängig von diesen Kathedersozialisten, vielmehr ausgehend von Wichern, unter dessen geistigen Einfluß in den Jahren unmittelbar nach Wicherns Tod Friedrich Naumann als Oberhelfer im Rauhen Haus in Horn bei Hamburg gekommen war, begann Naumann Mitte der 80er Jahre, als Pfarrer in einem erzgebirgischen Strumpfwirkerdorf, seine soziale Gedankenwelt zu gestalten. Hier, wo Kohlenbergbau, Fabrikindustrie und Heimarbeit sich zusammendrängten, lernte Naumann die ganze Größe und Schwere der sozialen Not kennen. Mit dem nüchternen Wirklichkeitssinn, der ihn stets ausgezeichnet hat, und mit jener feinen psychologischen Einfühlung, die seine besondere Gabe war, versuchte er, in die Gedankenwelt der Arbeiterschaft und der Sozialdemokratie einzudringen. 1890 ging er als Vereinsgeistlicher der Inneren Mission nach Frankfurt a. M. und erkannte hier bald, daß gegenüber dem sozialen Massenelend die christliche Barmherzigkeitsübung und die Arbeitsweise der Inneren Mission, die einzelne soziale Mißstände zu heilen versuchte, versage. Es gälte vielmehr, die Ursachen des sozialen Elends zu ergründen und die sozialen Nöte als Massenerscheinung durch die staatliche Gesetzgebung zu bekämpfen. Dieses Bestreben, die wirtschaftlichen Zusammenhänge zu studieren und der staatlichen Sozialpolitik immer neuen Ansporn zu geben, führte Naumann mit den Kathedersozialisten zusammen und machte ihn rasch zum geistigen Führer eines sozial interessierten jüngeren Geschlechtes von Theologen wie von Nichttheologen. Naumann hat durch seine Arbeit nicht nur die evangelische Kirche weithin mit sozialem Geist erfüllt, sondern auch auf weite Kreise der Gebildeten sozial und religiös anregend gewirkt. Er hat damit wie kaum eine andere Persönlichkeit seiner Zeit Brücken von der Kirche zum Sozialismus und von der Kirche zum gebildeten Bürgertum geschlagen.

Die Gedanken der Kathedersozialisten und die Anregungen Friedrich Naumanns fanden eine Pflegestätte in dem 1890 gegründeten Evangelisch-Sozialen Kongreß. Allerdings ist neben dem Nationalökonomen Adolf Wagner nicht Friedrich Naumann, sondern Adolf Stoecker der eigentliche Gründer des Kongresses gewesen. Aber schon 1896 schied Stoecker mit seinen engeren politischen Freunden aus dem Kongreß aus. Diese Trennung war nicht, wie es zumeist dargestellt wird, durch theologische Gegensätze bedingt – ein Zusammenwirken der verschiedenen theologischen Richtungen im Kongreß ist auch weiter möglich gewesen –, sondern sie erfolgte deshalb, weil der Kongreß sich mit der politischen Tätigkeit Stoeckers unvermischt erhalten und seine politische Neutralität wahren wollte. Und sie war eine innere Notwendigkeit, da der Kongreß sich schon im Jahre nach seiner Gründung gegenüber den Tendenzen der Stoeckerschen Bewegung deutlich auf die Seite der Kathedersozialisten und Friedrich Naumanns gestellt hatte, wenn er in seinen Satzungen seine Aufgabe dahin bestimmte, „die sozialen Zustände unseres Volkes vorurteilslos zu untersuchen, sie an dem Maßstab der sittlichen und religiösen Forderungen des Evangeliums zu messen und diese selbst für das heutige Wirtschaftsleben fruchtbarer und wirksamer zu machen als bisher", und wenn er in seinem Arbeitsprogramm „politische Prosyletenmacherei" ausdrücklich ablehnte.

Das Zusammenarbeiten von Theologen und Nationalökonomen, von Vertretern der Kirche und der Wirtschaftswissenschaft in der Erörterung sozialpolitischer und sozialethischer Fragen, wie es der Evangelisch-Soziale Kongreß zum erstenmal verwirklichte, ist für die ganze Weiterentwicklung der sozialen Frage in Deutschland von größter Bedeutung geworden. Es wurden dadurch die nationalökonomischen Erkenntnisse der wirtschaftlichen Zusammenhänge für die soziale Arbeit der Kirche fruchtbar gemacht und andererseits der wissenschaftlichen Forschung an den sozialen Fragen vom Evangelium aus ethische und religiöse Impulse gegeben. Gebildete, die sich lange der Kirche ferngehalten hatten, wurden dadurch wieder für die kirchliche Arbeit interessiert, und kirchlichen Kreisen wurden für das große Gebiet der wirtschaftlichen Vorgänge und Probleme, an dem sie bisher meist ganz achtlos vorübergegangen waren, die Augen aufgeschlossen. Neben dem Evangelisch-Sozialen Kongreß hat in dieser Richtung vor allem auch die 1887 von Rade begründete Zeitschrift „Die Christliche Welt" der Kirche wie dem gebildeten Bürgertum wertvolle Dienste getan.

An verschiedenen Orten bildeten sich innerhalb der Schicht der Gebildeten kleinere oder größere Kreise sozial eingestellter und religiös interessierter Männer und Frauen. So auch in Leipzig. Führend waren hier neben andern vor allem Sohm und Gregory. In diesen Kreis gehört auch Dr. Giesecke hinein. Er war schon auf der Universität Ende der 80er Jahre zusammen mit Walter Goetz stark von Brentano angeregt worden und von da aus dann mit der Naumannschen Bewegung und mit den Kreisen des Evangelisch-Sozialen Kongresses in Verbindung gekommen. Außer der Organisation des Kongresses waren es vor allem die „Sozialwissenschaftliche Vereinigung" und der Kreis der „Freunde der Christlichen Welt", die mit ihren wertvollen Vortragsabenden und ihren oft stark bewegten Debatten über religiöse und kirchliche, theologische und soziale Fragen in der zweiten Hälfte der 90er Jahre in Leipzig viele lebendige Menschen zusammenschlossen und auch auf eine große Zahl von Studenten verschiedener Fakultäten tiefgehenden und nachhaltigen Einfluß ausübten. Unter den Leipziger Pastoren wirkte damals besonders Pfarrer Bonhoff an der Reformierten Kirche auf diese religiös und sozial interessierten Gebildeten durch seine geistvollen Predigten. Neben ihm gab jenem Kreis der Vorstadtpfarrer Georg Liebster durch seine selbständige und immer eigene Wege suchende Persönlichkeit wie vor allem auch durch seine öffentlichen religiösen Diskussionen mit der Arbeiterschaft starke Anregungen. In der „Sozialwissenschaftlichen Vereinigung" und in dem „Ausschuß für volkstümliche Symphoniekonzerte" stand Dr. Giesecke mit im Vordergrund. Direkt mitarbeitend oder mit stets freigebiger Hand helfend ist er den genannten Bewegungen durch mehr als drei Jahrzehnte verbunden gewesen. Mit Friedrich Naumann verband ihn eine enge sozialpolitische und politische Gemeinschaft.

Freilich auch diese Entwicklung blieb nicht ohne schwere Hemmungen. Zum drittenmal stellte sich einem sozialen Impuls, der der Welt der Gebildeten und der Organisation der Kirche gegeben worden war, eine politische Reaktion entgegen, wie sie in den 50er Jahren Wichern und Ende der 70er Jahre Stoecker erlebt hatte. Das war Anfang des Jahres 1896, wo unter dem Einfluß des Freiherrn von Stumm der Kaiser in seinem bekannten Telegramm an Geheimrat Hinzpeter die politischen Pastoren als ein „Unding" und christlich-sozial als „Unsinn" bezeichnete, und wo der preußische Oberkirchenrat gleichzeitig in einem Erlaß, „betr. Beteiligung der Geistlichen der evangelischen Landeskirche an sozialpolitischen Aktionen" erneut vor sozialpolitischer Arbeit warnte. Auch in anderen Landeskirchen kam es damals zu ähnlichen antisozialen Erklärungen, in der sächsischen Landessynode z. B. zu der bekannten Resolution Wach. Ganz im Einklang damit wurde dem Evangelisch-Sozialen Kongreß im Jahre 1897 bei seiner Tagung in Leipzig die Thomaskirche für den Eröffnungsgottesdienst verweigert.

Eine sehr ernste Folge jener Reaktionsstimmung war, daß damals auch Naumann, veranlaßt durch die Hemmungen, die sich in der Kirche seinem sozialen Idealismus entgegenstellten, mit der Gründung der national-sozialen Partei in die Politik hineinging. Aber er tat das doch aus ganz andern Motiven heraus als Stoecker. Er wollte mit seiner national-sozialen Partei niemals eine bürgerliche Konkurrenzorganisation zur Sozialdemokratie schaffen, sondern eher eine geistige Hilfstruppe für die soziale Bewegung. Er erkannte in seinem klaren Wirklichkeitssinn, daß bei der engen Bindung der protestantischen Landeskirchen an den Staat, die damals noch bestand, eine soziale Bewegung in der Kirche sich nicht werde durchsetzen können, wenn nicht zuvor die soziale Kraft und die soziale Gesinnung im Staat gestärkt würde. Das aber konnte nach Lage der Dinge nur auf dem Wege politischer Einwirkung geschehen. So mußte Naumann diesen Weg gehen, obwohl seinem hohen Idealismus und seinem selbständigen Geist die politische Bindung gewiß niemals leicht gewesen ist. Gleichzeitig vollzog sich damals allerdings auch ein bedeutsamer Umschwung in Naumanns innerer Gedankenwelt. Sein ursprünglicher enthusiastischer Optimismus, sein anfänglicher Glaube, daß mit den Kräften des Evangeliums eine unmittelbare Umgestaltung der sozialen Verhältnisse erreichbar sein müßte, schwand immer mehr. Besonders auf seiner Orientreise im Jahre 1898 erkannte Naumann, daß sich aus dem Evangelium und dem Neuen Testament für die komplizierten Wirtschaftsverhältnisse der Gegenwart kein soziales oder wirtschaftliches Programm gewinnen läßt. Auch Sohms Einfluß ist offenbar bei dieser Entwicklung von entscheidender Bedeutung gewesen, und Sohms Auffassung des Verhältnisses von Religion und Recht hat wohl ganz wesentlich mit dazu beigetragen, daß Naumann in der Folgezeit immer mehr auf die religiöse Motivierung sozialpolitischer Forderungen verzichtete und zu einer immer stärkeren Säkularisierung der Sozialpolitik gelangte.

Aber weder die Aktionen der staatlichen und kirchlichen Machthaber noch jene innere Umstellung in Naumanns Gedanken vermochten die soziale Bewegung innerhalb des Protestantismus aufzuhalten. Der Evangelisch-Soziale Kongreß überwand die Krisis der Jahre 1896 und 1897 ohne Schwierigkeit und gewann im öffentlichen Leben Deutschlands rasch immer stärkere Bedeutung als ein Sammelpunkt aller jener Kreise des gebildeten Bürgertums, die aus innerer religiöser und ethischer Motivierung heraus ihrer sozialen Verantwortung sich bewußt waren und ihre soziale Verpflichtung empfanden. Erst durch den Krieg wurde, wie so vieles andere, auch diese Zusammenarbeit, die sich zwischen kleinen Kreisen der Gebildeten, der Kirche und der sozialen Bewegung gebildet hatte, aufs schwerste gestört. Der Evangelisch-Soziale Kongreß hielt in den Jahren von 1914 bis 1924 nur einige wenige spärlich besuchte Tagungen und konnte auch seine literarische Arbeit erst 1924 im alten Umfang wieder aufnehmen. Die kleinen Gemeinschaftsgruppen religiös und sozial interessierter Menschen, die an vielen Orten und in sehr verschiedener Form gerade auch in Sachsen bestanden, lösten sich auf, und es gelang nach Beendigung des Krieges oft nicht, sie wieder zum Leben zu erwecken. Fast mochte es manchmal scheinen, als wäre alles, was in dieser Beziehung einst mühsam geworden war, in Trümmer geschlagen.

Und doch erwuchsen dem Bemühen nach einer Verbindung zwischen dem gebildeten Bürgertum, der protestantischen Kirche und dem Sozialismus gerade aus der Kriegs- und Nachkriegszeit auch wieder neue Impulse. Der Krieg hatte viele Vertreter gebildeter Stände draußen im Felde mit Arbeitern in enger Lebensgemeinschaft zusammengeführt. Gewiß war auch das auf die Schar der immer Unbelehrbaren ohne Eindruck geblieben. Aber gerade die Ernsten und Nachdenklichen hatten doch viel daraus gelernt, hatten in das Leben und die Psyche des Arbeiters manchen Blick getan und standen nach dem Krieg den sozialen Nöten und Fragen aufgeschlossener und verständnisvoller als vor dem Krieg gegenüber. Aber auch die evangelische Kirche gewann gegenüber den sozialen Fragen eine andere Position. Durch den Wegfall des landesherrlichen Kirchenregiments, durch die Trennung von Kirche und Staat, durch das Selbständigwerden der einzelnen Landeskirchen in der Regelung ihrer Organisation und ihrer Verfassung, besonders aber durch den nun endlich verwirklichten Zusammenschluß aller deutschen evangelischen Landeskirchen zu einem Deutschen Evangelischen Kirchenbund bekam die Kirche gegenüber den sozialen Fragen eine stärkere Verantwortlichkeit und zugleich eine viel größere Bewegungsfreiheit. Schwankungen des sozialpolitischen Kurses im Staat braucht die Kirche jetzt nicht mehr so, wie es früher der Fall war, zu folgen. Sie kann zu den sozialen Fragen in voller Selbständigkeit Stellung nehmen, so, wie es etwa durch die bekannte soziale Kundgebung des Betheler Kirchentages, durch die Kundgebung des Kirchenausschusses zur Wohnungsnot und bei anderen Gelegenheiten geschehen ist und ständig weiter geschieht. Endlich vollzogen sich auch auf dem Gebiet der sozialen Frage wichtige Umgestaltungen. Wurde früher um einzelne sozialpolitische Forderungen gekämpft, so geht es heutzutage um viel Größeres, um den Sinn der Arbeit überhaupt, um die Behauptung der seelischen Freiheit und Selbständigkeit gegenüber dem Druck eines durch unaufhaltsame Rationalisierung des Arbeitsprozesses immer stärker mechanisierten Lebens. Die soziale Frage ist nicht mehr ausschließlich eine Arbeiterfrage, sondern eine Lebensfrage, die weit in die Kreise des Mittelstandes, in die Reihen der Beamten, Ingenieure, Techniker und leitenden Angestellten hineinreicht, von denen viele durch die Übermacht des Kapitals und durch die moderne Arbeitsweise ihre geistige und persönliche Freiheit bedroht sehen.

Hier erwachsen der protestantischen Kirche in der Gegenwart große und dankbare Aufgaben. Es geht zweifellos ein neues Sehnen nach Religion durch unsere Zeit hindurch. Der Materialismus vergangener Tage, der glaubte, alle Welträtsel restlos lösen und die Religion abschaffen zu können, ist heute nahezu verschwunden. Die Wissenschaft beginnt überall wieder das Geheimnis zu sehen und das Ewige zu ahnen. Weithin auch unter denen, die den organisierten Kirchen und den überlieferten Religionsformen fremd, ja ablehnend gegenüberstehen, findet man das Verlangen, sich über den Alltag mit seiner Arbeitshetz, über die Öde eines mechanisierten Lebens zu erheben und von innen heraus, von einem Standpunkt, der über dieser Welt liegt, die an den Mammonismus verkauft ist, wieder seelische Kraft und Sicherheit zu gewinnen. Wird die evangelische Kirche auf dieses Suchen und Fragen Antwort geben? Wird sie ihre Tore weit auftun und allen ein Daseinsrecht in ihrer Mitte einräumen, die Christen sein wollen? Wird sie die rechte Sprache und die rechten Formen finden, um in den Nöten der Gegenwart das alte Evangelium Jesu verständlich und lebendig zu machen? Oder wird sie ängstlich und engherzig gegen den großen Strom neuen religiösen Fragens und Suchens sich abschließen, ihren Beruf als Volkskirche verleugnen und zur Sekte werden? Noch läßt sich auf diese Fragen weder mit einem Ja noch mit einem Nein antworten. Noch ringen in unseren protestantischen Landeskirchen die Mächte der Beharrung und des Fortschrittes, der Erstarrung und des Lebens, der ängstlichen Sorge um den Bestand äußerer Formen und des wagemutigen Glaubens an die Kraft des Evangeliums miteinander.

Diesem Ringen sollten unsere Gebildeten nicht gleichgültig zuschauen. Niemand soll so töricht sein zu glauben, daß trotz vieler Mängel und Schwächen die Kirchen sich etwa überlebt hätten und sich im Absterben befänden. Daß das bei der römisch-katholischen Kirche nicht der Fall ist, muß jedem, der die politischen Entwicklungen der Gegenwart einigermaßen verfolgt, klar sein. Aber auch die evangelische Kirche hat sich in den Stürmen der Revolution als eine sehr feststehende Macht erwiesen. Die Trennung vom Staat, die verfassungsmäßige und finanzielle Selbständigmachung, die Kirchenaustrittsbewegung hat den Bestand der Kirche nicht wesentlich zu erschüttern vermocht. Es ist ein ziemlich aussichtsloses Beginnen, an Stelle unserer geschichtlich gewordenen und mit dem Volkstum eng verwachsenen deutschen evangelischen Landeskirchen neue Kirchengebilde schaffen zu wollen. Liegen die Dinge aber so, dann ergibt sich für das gebildete Bürgertum die Frage, ob man die Herrschaft in der Kirche engherzigen, sektiererischen Strömungen, den Kleinbürgern mit ihrem begrenzten Horizont, den Wirklichkeitsfremden und geistig Rückständigen überlassen oder an der Zukunftsgestalt dieser Kirche mitbauen will. Äußere Hemmungen zu solcher Mitarbeit an und in der Kirche sind heute kaum noch irgendwo vorhanden. Das Wahlrecht zu den kirchlichen Körperschaften der einzelnen Gemeinden ist fast überall ein allgemeines, gleiches und geheimes Wahlrecht für alle über 21 Jahre alten männlichen und weiblichen Gemeindeglieder, die in die Wählerliste ihrer Kirchgemeinde eingetragen sind.

Leider wird von unserem gebildeten Bürgertum dieser ganze Problemkreis noch viel zu wenig durchschaut und gewürdigt. Dr. Giesecke gehört zu denen, die frühzeitig erkannt haben, um welche wichtigen Fragen es sich hier handelt. Obwohl mitten im modernen Wirtschaftsleben an verantwortungsvollem und arbeitsreichem Posten stehend, hat sich Dr. Giesecke in stiller Arbeit mit der modernen theologischen Literatur und ihren Problemen vertraut gemacht. Sein 1927 erschienenes Buch „Religion und Kirche und Jesus" liefert den Beweis dafür. „Ist Religion heute noch möglich?, brauchen wir sie?, in welcher Gestalt?, was ist überhaupt Religion?, kann die evangelische Kirche mit dem, was sie als Religion bietet, die religiösen Bedürfnisse der Gegenwart erfüllen, wenn es solche gibt?": das sind die Fragen, mit denen das Buch beginnt und auf die der Verfasser eine Antwort geben möchte. „Volk und Kirche, Kirche und Volk, darunter die 'Gebildeten' wie das 'Proletariat' begriffen, müssen zusammenkommen wie Volk und Staat, wenn es eine deutsche Zukunft geben soll", das wird am Eingang gleichsam als Ziel und Programm hingestellt. Aber Dr. Giesecke hat auch immer erkannt, daß neben der theoretischen Erkenntnis und Durchdringung der Probleme in der Kirche die praktische Mitarbeit stehen muß. Er, der Vielbeschäftigte, hat sich darum sogleich bei Einführung der neuen Kirchgemeindeordnung in die kirchliche Vertretung seiner Gemeinde hineinwählen lassen und leistet hier seit 6 Jahren wertvolle Mitarbeit. Er hat in den Verhandlungen immer wieder den Blick auf die großen Fragen und Zusammenhänge gelenkt, aber auch für einzelne Seiten des Gemeindelebens, wie z. B. für die Kirchenmusik, warmes und tätiges Interesse bekundet. Es war erfreulich, daß die Leipziger Kirchgemeinden bei der Synodalwahl im Jahre 1926 Dr. Giesecke auch in die sächsische Landessynode wählten, wo er sich der Gruppe der Evangelisch-volkskirchlichen Vereinigung anschloß. Hier in der Synode, einem Kreis, der leider nur wenige Vertreter des Wirtschaftslebens in seiner Mitte zählt, ist sein Urteil namentlich bei der Verhandlung sozialer Fragen, wie etwa bei der Debatte über eine Kundgebung zur Erwerbslosenfrage, von Wert gewesen. „Die Aufgabe der Kirche sehe ich darin," so hat Dr. Giesecke damals ausgeführt, „daß sie dem Menschen seelisch helfen muß, daß sie in dem einen das Verantwortungsgefühl wecken muß, daß sie dem anderen die Mittel geben muß, über diese Nöte hinwegzukommen. Das muß sie allerdings vorbehaltlos tun. Sie darf zunächst nicht danach fragen, welche Religion und sonstige Anschauung der Mensch hat. Sie muß sich einfach seiner Not annehmen ... Tut sie das, dann werden diejenigen, die der Kirche heute fernstehen, am allerersten zu ihr kommen, dann kann sie sie auch weiterführen."

DEUTSCHKUNDE

VON

WALTHER HOFSTAETTER

6*

Als Rudolf Hildebrand im Jahre 1887 der neuen „Zeitschrift für den deutschen Unterricht" ein Leitwort mitgab, da ging er davon aus, daß die Deutschen gerade daran seien, ein neues Leben eben als Deutsche zu beginnen, und nun endlich daran gingen, dem Amt, das ihnen vom Weltgeiste als Anteil an der großen Arbeit der Völkergemeine zugewiesen sei, zu genügen. In dieses Amt müsse das neue Geschlecht hineinwachsen, könne dies aber nur, wenn es hineinwachse auch in seine Sprache und den Inhalt von Geist und Gemüt, soweit er in Worten zur Erscheinung und Gestaltung kommen kann. Er wies auf Schillers Wort: „Die Sprache ist der Spiegel einer Nation; wenn wir in diesen Spiegel schauen, so kommt uns ein großes, treffliches Bild von uns selbst daraus entgegen" – dieser Spiegel solle sich wiederholend in jedem Deutschen darstellen. Nur wenn jeder Schüler von dem Gang der Entwicklung einen Begriff mit fortnehme ins Leben, nur wenn in ihm der Besitz an Sprache und Schrifttum lebendig werde, werde das junge Geschlecht schaffen können an der Aufgabe unseres Volkes. Deutsche Sprache und deutsches Schrifttum seien der gemeinsame Besitz aller; in ihrer Pflege müßten sich daher alle Schulen vereinigen „zum Heil unserer nationalen Bildung und Zukunft", in dieser Pflege fänden sie aber auch das Mittel, den Gegensatz zwischen Humanismus und Realismus zu überwinden.

Mit diesen Worten hat Hildebrand dem deutschen Unterricht der letzten 40 Jahre tatsächlich den Weg gewiesen: immer hat dieser Unterricht danach gestrebt, Mittelpunkt und Einigendes aller deutschen Schulen zu werden, immer mehr ist er dazu vorgeschritten, „nicht aufs Gedächtnis zu rechnen" und Kenntnisse zu vermitteln, sondern die Schätze der Sprache und des Schrifttums lebendig werden zu lassen. Aber Hildebrand führte in dieser Vorrede auch einen Vergleich durch, wie die Entwicklung auf politischem und sprachlichem Gebiet verlaufen sei, und meinte, solch vergleichende Betrachtung werde dem Lehrer ein Schild sein gegen die Gefahr, das Kleine zu sehr als groß zu behandeln, zumal sie auch das Kleine und Kleinste in das Licht eines großen Zusammenhanges stelle. Doch auch für die Jugend sei solch vergleichende Betrachtung wichtig, einer der Keime, die ihr die Schule über die fertigen Kenntnisse hinaus schulde.

In diesem Vergleich, in dem Betonen der großen Zusammenhänge und dem Hinweis auf Keime, liegt schon der beste Ansatz zur Weiterentwicklung: daß aus dem deutschen Unterricht die Deutschkunde erwuchs. Denn nichts anderes will ja die Deutschkunde, als das Einzelne und Kleinere in größere Zusammenhänge hineinstellen, die Erscheinungen verschiedener Äußerungen des deutschen Lebens in ihrer Entwicklung vergleichen und dadurch Kräfte wecken, die sich entfalten in der Arbeit des neuen Geschlechts an der Aufgabe des Volkes.

Mit gutem Grund gehen wir gerade von diesen Worten aus; die „Zeitschrift für den deutschen Unterricht" war eine der wenigen Erscheinungen auf dem Gebiet der deutschen Sprache und Literatur, die Dr. Giesecke bei seinem Eintritt in den Verlag vorfand. Heute ist dies Gebiet reich bestellt, aber auch heute noch könnten Hildebrands Worte als Leitgedanken über diesen Teil der Verlagsarbeit gesetzt werden. Schon die ersten Werke, denen wir nach dem Eintritt Dr. Gieseckes begegnen, dienen dem Lebendigmachen der Sprache und der Erforschung des Volksgeistes. Heute aber versucht eine ganze Fülle von Werken deutschkundliche Zusammenhänge aufzudecken, ans Leben des Volkes in Sprache und Dichtung heranzuführen, nicht in der Freude am einzelnen, sondern um Leben aus Leben zu wecken. Dabei ist auch eins gelungen, was schon Hildebrand als Aufgabe der Zeitschrift hinstellte: die Verbindung von Wissenschaft und Schule immer lebendig zu halten.

Aus der großen Festschrift von 1911 geht hervor, daß der wissenschaftliche Verlag nach frühen Anfängen wenig zur deutschen Literatur, noch weniger zur deutschen Sprache gebracht hatte und daß auch der Schulbücherverlag bis in die 80er Jahre für den deutschen Unterricht nicht allzu bedeutend gewesen war. Aus neuerer Zeit fand Dr. Giesecke besonders Arbeiten von Hildebrands Schüler Otto Lyon vor, der ja auch 1887 die „Zeitschrift für den deutschen Unterricht" begründet hatte.

In der Ära Giesecke kam Oskar Weise hinzu mit seinen verschiedenen Werken, die der Sprachgeschichte, der Ästhetik und der Stilistik dienten, ferner Schröder mit seinem „Papierenen Stil". Von der Sprache zur Volkskunde schlug Söhns (Pflanzennamen 1897; 6. Aufl. 1920) die Brücke. Die Volkskunde erfreute sich besonderer Pflege, indem zwischen 1901 und 1910 drei Bände der Sammlung „Schlesiens volkstümliche Überlieferungen" erschienen und von 1898 an Oskar Dähnhardts Arbeiten „Naturgeschichtliche Volksmärchen" (1898; 7. Aufl. 1925/27), „Die deutschen Märchen" (1902/03; 5. Aufl. 1922/28), die „Heimatklänge aus deutschen Gauen" (1901/02) und die „Schwänke" (1908; 4. Aufl. 1928). Im vorigen Jahre wurde dieser Verlagszweig – Jugendliteratur, die aus dem Volkstum echt und stark, ungekünstelt und gesund hervorwächst – bereichert um die „Nordlandhelden" von Hermann Eicke (1927): ein Buch, das stilistisch und ausstattungsmäßig zeigt, was deutscher Jugend heute geboten werden kann. Rein wissenschaftlich war Dähnhardts Sammlung „Natursagen" (1907 bis 1912), die ein möglichst geschlossenes und zum Vergleich geeignetes Material zusammenbringen wollte – ein Abschluß ist nicht erreicht, da Dähnhardt bereits 1914 fiel. Ein Schritt zur Zusammenfassung war Böckels „Psychologie der Volksdichtung" (1906). Von wissenschaftlichen Werken ist aus der Zeit bis 1902 noch Albert Kösters feine Kellercharakteristik (1900) zu nennen.

Den Büchern für praktischen Schulbetrieb wandte Dr. Giesecke starke Aufmerksamkeit zu. Das „Döbelner Lesebuch", das aus dem Hildebrandkreis hervorgegangen war, wurde von Evers und Walz auf die preußischen Anstalten übertragen, 1904 für die sächsischen Realanstalten bearbeitet. 1901 wurde das große Werk von Dietlein, Polack u. a. „Aus deutschen Lesebüchern" übernommen, 1902 eine Sammlung begonnen, die Dichterwerke des 19. Jahrh. der Schule zugänglich machen sollte.

Mit dem Jahr 1902 können wir einen gewissen Abschnitt feststellen. Mehrere Jahre brachten nur den Ausbau des schon Begonnenen, aber nichts wesentlich Neues. Das hatte seinen guten Grund. Der zweite Kunsterziehungstag (1902) hatte für die Behandlung der deutschen Sprache und Literatur neue Forderungen aufgestellt: man wollte nichts mehr wissen von den vielen Einzelheiten; der Eindruck des Ganzen müsse erstrebt werden, das Erleben ward betont im Gegensatz zum äußerlichen Aneignen, das Erfassen des Künstlerischen ohne jede Nutzanwendung. Damit war auch die Freiheit der Lehrerpersönlichkeit gefordert gegenüber allen Regeln und Stufen; es gab kein Gesetz mehr, wie man es machen mußte, man konnte nur noch zeigen, wie man es selbst machte, und andere anregen, auch ihrerseits einen Weg zu finden. Diese neue Einstellung mußte sich erst langsam durchsetzen.

Starke Hilfe kam ihr von der Wissenschaft, die auch ihrerseits neuen Bahnen zustrebte. 1906 erschien Diltheys Werk: „Das Erlebnis und die Dichtung" (G.-A. 1924). Hier galt es, von dem einzelnen Dichter aus, aus seiner Individualität heraus das Werden des Werkes zu erfassen, den Schaffensvorgang darzustellen ohne jede erklärende Hypothese, zu zeigen, wie der Dichter das Stück wirklichen Lebens zu allgemeiner Bedeutsamkeit erhebt, wie der Dichter immer wieder den Zusammenhang mit dem Leben finden muß. Daß das Buch in so wirksamer Geschlossenheit herausgebracht wurde trotz immer neuer Hemmungen darf B. G. Teubner als besondere Ehre buchen.

Als nächster erschien Walzel mit seinem Buch über Romantik, das über die Einzelerscheinungen hinweg die Gesamtentwicklung aufzeigen wollte. Im Jahr darauf folgte Witkop mit seiner „Geschichte der deutschen Lyrik" (1909; 3. Aufl. 1925). Auch er will den inneren Zusammenhang zwischen der Dichterpersönlichkeit und dem Werk; das Lebensgefühl des Dichters gilt es zu erfassen, aus dem sein Werk hervorquillt.

Unter den weiteren wissenschaftlichen Erscheinungen steht das Werk des Zürichers Emil Ermatinger im Vordergrund. In der Entwicklung der Literaturgeschichte von der positivistisch-historischen Feststellung zur Deutung von Sinn und Zusammenhängen nimmt Ermatinger seine besondere Stellung darin, daß er nichts mehr vom Positivismus wissen will, daß er aber auch der Auflösung der Literaturgeschichte zugunsten einer rein ästhetisch-philosophischen Betrachtung widerstrebt. Sein Buch („Das dichterische Kunstwerk. Grundbegriffe der Urteilsbildung in der Literaturgeschichte" 1921; 2. Aufl. 1923) setzt sich mit beiden Hauptströmungen auseinander: bei jeder ist der Blick dem sich bewegenden Leben des gegenwärtigen Ganzen, der Volksgemeinschaft im weitesten Sinne, abgewandt. Demgegenüber gilt es seiner „dynamischen oder organischen" Methode, „die Weltanschauung des Dichters, Stoff und Form in seinem Werk nicht als starre Größen sondern als Bewegung und Wirkung organischen Lebens zu betrachten". Er will zeigen, wie sich dem Gedanken- und dem Stofferlebnis („Idee und Motiv") als Synthese das Formerlebnis zugesellt, das den künstlerischen Ausdruck der erlebten Ideen und Bildmasse bestimmt. So geht er über die Erlebenstheorie Diltheys hinaus.

Gab dieses Werk die Grundlage, so führte Ermatinger in seiner dreibändigen „Geschichte der deutschen Lyrik seit Herder" (1921; 2. Aufl. 1925) seine Ideen praktisch durch und bietet damit eine der wenigen zusammenfassenden Darstellungen einer Dichtungsgattung. Zunächst geht Ermatinger auf Wesen und Entwicklung der Lyrik ein, „erfaßt eine lyrische Eingebung aus dem Geist und der Seele der Zeit, aus den Ober- und

Unterströmungen größerer Einwirkungen, zumeist philosophischer Erkenntnisse, die das Leben der Zeit wie der einzelnen Persönlichkeiten beeinflussen und beherrschen" (Sarnetzki), zum andern sucht er nach seiner eigenen Methode das Material zusammenzufassen „mit der Liebe und Erlebenskraft des Künstlers" zu einer großen Linie.

Bezeichnend ist der Titel des nächsten Werkes „Weltdeutung in Grimmelshausens Simplius Simplizissimus" (1925). Ermatinger sieht in diesem oft verkannten Werke die Faustdichtung des 17. Jahrh., erkennt hier „Erlösung der Seele durch die Betrachtung des Zeitlich-Wandelbaren als Gleichnis des Göttlich-Ewigen". Von diesem Einzelwerk geht er dann weiter zu der Darstellung der ganzen Zeit in „Barock und Rokoko in der deutschen Dichtung" (1926); wieder will er die Dichtung aus der Weltanschauung ableiten: „Diese ist für die deutsche Dichtung im 17. Jahrh. im wesentlichen von der Theologie, im 18. Jahrh. hauptsächlich von der Philosophie her bestimmt. Natürlich ist, indem man die in Betracht kommenden Gedankenreihen aufdeckt, damit zugleich der allgemeine geistige Zeitgrund gekennzeichnet, in dem auch die anderen Schöpfungen künstlerischer Art gewachsen sind."

Wenn man die Schärfe betrachtet, mit der der Schweizer Dichter-Professor seine Methode gegen die anderen Wege der zeitgenössischen Literaturgeschichte abgrenzt und verteidigt, so wird man dem Verlag doppelt danken, daß er dieser eigenwilligen, aber gerade darum so packenden Erscheinung die Wirkung in der deutschen wissenschaftlichen Welt gesichert hat.

Von allgemeineren Darstellungen sind noch zu erwähnen Bruno Busses kraftvoll zusammenfassende Geschichte des „Dramas" von der Antike bis zur Gegenwart (ANuG 1911–1913), deren sich, nachdem der Verf. fürs Vaterland gefallen war, eine Reihe namhafter Herausgeber annahmen (2. Aufl. 1918–1922, 4 Bde); ferner Röhls „Geschichte der deutschen Dichtung" (1913; 6. Aufl. 1927), die über den Kreis der Schule hinaus Beachtung verdient durch die verständnisvolle Einführung in Zeiten und Persönlichkeiten – eine wirklich lesbare Darstellung. Einen neuen Versuch stellt Heinrich Lemckes „Deutsches Dichten" dar (1927), ein literaturgeschichtliches Lesebuch, das neben Proben „Bilder" gibt, anschaulich „gestaltet", was sonst oft nur Stoff blieb. Endlich gehört hierher Hirts Arbeit über „Das Formgesetz der epischen, dramatischen und lyrischen Dichtung" (1923).

Von Einzelarbeiten aus der deutschen Literaturgeschichte sind zu nennen Gertrud Bäumers Buch über „Goethes Freundinnen" (1909; 3. Aufl. 1921) und Breuckers „Ludwig Richter und Goethe" (1926).

Größere Zusammenfassungen erstreben wieder Bornhausen „Schiller, Goethe und das deutsche Menschheitsideal" (1920) und Schurig „Lebensfragen in unserer klassischen Dichtung" (1923).

Während auf dem Gebiete der Literaturwissenschaft seit 1906 eine lebhafte, weithin wirkende Tätigkeit entfaltet wurde, sind der Erscheinungen auf sprachlichem Gebiet nicht viele. Weises Bücher erfreuten sich vieler Auflagen, verschiedene Bändchen der Sammlung „Aus Natur und Geisteswelt" beschäftigten sich sehr ernsthaft mit Einzelfragen, eins suchte zusammenzufassen: Kr. Sandfeld-Jensen, die „Sprachwissenschaft" (2. Aufl. 1923): er will, ausgehend vom Deutschen die Methoden und Ergebnisse der historischen Sprachwissenschaft aufweisen. Es ist kein Zufall, wenn wir immer wieder Werken begegnen, die eine Art „Zusammenschau" anstreben, liegt es doch gerade in der Art Dr. Gieseckes, auf solch größere Überblicke hinzuarbeiten. Von größeren Werken sind nur zwei zu nennen: Schneiders Sammelwerk „Meister des Stils" (1922), mit dem die neue Bewegung auf Stilbetrachtung und Stilübung einsetzte, und nun Kieseritzky „Die Schönheit unserer Muttersprache" (1926). Wieder widmet sich der Verlag einem, der eigene Wege geht. Der Verfasser, ein geborener Balte, der seit Jahrzehnten allein in Schlesien lebt, singt aus tiefem Glauben an die deutsche Sprache „ein hohes Lied von ihrem Wohllaut. Vielleicht hat noch niemand so tief wie er in die Geheimnisse der Klangwirkungen unserer Muttersprache hineingehorcht". Er begründet geradezu eine Wissenschaft vom Wohllaut unserer Sprache.

Wenn man sieht, wie mutig hier neue Pfade beschritten werden, ist zu hoffen, daß auch unsere Sprachwissenschaft bald wieder zu stärkerem Leben erwacht, und wir dürfen vertrauen, daß dann auch der Verlag Teubner zu den Verkündern neuer Ergebnisse gehört.

Zu Beginn des zweiten Jahrzehnts fanden sich Vertreter des Deutschen an den Hochschulen und an den höheren Schulen zu gemeinsamer Arbeit zusammen: sie wollten dem deutschen Unterricht, der vielerorts ungebührlich zurückgedrängt worden war, zu seinem Recht verhelfen, wollten ihn aber auch aus der zu engen Einstellung nur auf deutsche Sprache und Literatur herausführen. Dazu galt es, daß auch die Wissenschaft sich entschloß, die Verbindung herzustellen zwischen den Arbeiten aller derer, die sich mit deutschem Wesen und deutscher Kultur beschäftigten, und die einzelnen Fächer, politische und Kulturgeschichte, Literatur- und Sprachgeschichte, Kunstgeschichte und Volkskunde, in inneren Zusammenhang und zu fruchtbarer Wechselbeziehung zu bringen. Die neue Bewegung faßte ihre Bestrebungen zusammen unter dem Namen Deutschkunde. Damit sollte nicht ein neues Fach begründet werden, aber ein neues Prinzip sollte den Unterricht und die Wissenschaft befruchten. Noch stehen wir mitten im Kampf um die Einzelauswirkung dieser Deutschkunde, aber wenn kein Lehrplan für eine höhere Schule mehr aufgestellt werden kann, ohne daß er deutschkundliche Gedanken verwirklicht, wenn auch die Volksschule heute die Deutschkunde als Bildungsgrundsatz anerkennt, so darf man doch schon von erfolgreicher Arbeit reden. Mit großer Freude machen sich auch Gelehrte innerhalb und außerhalb der Grenzen unseres Reiches daran, ihre verschiedenen Wissenschaftsgebiete einmal deutschkundlich zu betrachten, d. h. zu fragen, wie sich in der Entwicklung der Religion oder der Kunst, der Sprache oder des Schrifttums, der Musik oder der Philosophie, der Lebensformen gehobener Schichten oder des breiten Volkes deutsches Wesen offenbart, mit fremdem Wesen ringt und immer wieder zu Eigenem strebt. Schon liegen auch hier Arbeiten vor, die zeigen, daß die neue Betrachtungsweise neue Ergebnisse bringt.

An dieser Arbeit darf der Verlag Teubner seinen redlichen Anteil buchen. Er hat – unter unmittelbarem Anteil von Dr. Giesecke – seine „Zeitschrift für den deutschen Unterricht" und ihre Ergänzungshefte der neuen Bewegung zur Verfügung gestellt, bis sie dann geradezu den Namen „Zeitschrift für Deutschkunde" annahm. Es war nicht leicht für den Führer des altphilologischen Verlags, hier mitzumachen, da die Neugründung zunächst zu schweren Auseinandersetzungen mit den Vertretern der alten Sprachen führte (heute ist der Gegensatz längst erledigt). Aber mit einer bemerkenswerten Freiheit der Gesinnung gab Dr. Giesecke mir für die Umgestaltung der Zeitschrift freie Bahn. Und als ich in schwerer Zeit an ihn mit dem Gedanken herantrat, durch eine „Deutschkunde. Ein Buch von deutscher Art und Kunst" mitzuhelfen in dem Kampf um Erhaltung deutscher Art, da hat Dr. Giesecke, sobald er sah, daß Kräfte da waren, die diesen Versuch ernstlich wagen wollten, sich mit aller Hingabe des Buches angenommen (1916; 4. Aufl. 1923). Der Versuch mußte zunächst in bescheidenen Grenzen durchgeführt werden; inzwischen ist die Bewegung weiter vorgeschritten. Daher konnte der Verlag an ein größeres wissenschaftliches Unternehmen herantreten, zu dessen Betreuung sich mit mir, als dem Herausgeber des ersten Unternehmens, Friedrich Panzer und Franz Schnabel verbanden, und das Abert, Bigelmair, Beyer, Bojunga, Brandi, Boucke, Freytag-Loringhoven (†), Giese, Gräntz, Heusler, Neckel, Neumann, Michels, Spamer zu seinen Mitarbeitern zählt. Die zähe Energie, die der Verlag an dieses schwierige Unternehmen gesetzt hat, das unzählige Verhandlungen nötig machte, um eine gewisse Einheit zu sichern, verpflichtet zu hohem Dank. Fast noch mehr Zähigkeit erforderten die seit vielen Jahren laufenden Vorbereitungen für ein seit langem ersehntes, aber noch schwieriger durchzuführendes „Sachwörterbuch der Deutschkunde". Der Verlag gewann dafür neben dem Bearbeiter der anderen deutschkundlichen Sammelwerke den Herausgeber der „Zeitschrift für deutsche Bildung", Ulrich Peters; die Deutsche Akademie in München hat dem Werke ihren Schutz zugesagt. Wenn in diesen Tagen die ersten Fahnen dieses zweibändigen Wörterbuchs vorliegen, so darf Dr. Giesecke sie mit Stolz als Ergebnis seiner weitsichtigen und überaus entsagungsvollen Betreuung betrachten. Das Werk ist der schönste Dank an einen Mann, der sich einer neuen, ihm zunächst innerlich fremden Bewegung mit immer wachsender Liebe angenommen hat.

Um auch die Schule für die neuen Gedanken zu gewinnen, schrieb Wilhelm Peper (1919) seine feine Arbeit „Deutschkunde als Bildungsgesetz und Bildungsstoff". Dann aber galt es, auch unmittelbar Einfluß zu gewinnen durch die Lesebücher.

Für deren gedeihliche Ausnutzung in modernem Sinn hatte schon 1909 die Sammlung „Kunstschatz deutscher Dichtung" gesorgt, in der Wilhelm Peper für die Betrachtung lyrischer Dichtung (3. Aufl. 1922), Ernst Weber für die epische Dichtung neue Wege zeigten (3. Aufl. 1921, Erweiterung 1922/23), die 1923 Albert Ludwig durch die Betrachtung der dramatischen Dichtung ergänzte.

Auch das Lesebuch war zwischen 1896 und 1909 langsam umgestaltet worden: an dem Werke von Schmid und Speyer für höhere Mädchenschulen (1896) hatte Stephan Waetzoldt gerühmt, es breche frisch und mutig mit dem Herkömmlichen; „es ist zunächst ganz deutsch und will nur dem Deutschen dienen". 1909 wurde das Dietleinsche Lesebuch umgearbeitet und erschien Kühne und Vorwerks „Lesebuch für Vorschulen". Ein Stück weiter führte dann Gaudigs „Lesebuch für höhere Mädchenschulen". „Das allgemeine Ziel ist Mitwirkung am Werden der Persönlichkeit." „Diesem Ziel hat das Lesebuch in ganz besonderem Maße zu dienen; es gewinnt durch dieses Ziel seine innere Einheit. Das Lesebuch wählt daher aus den Gebieten des übrigen Unterrichts eben die Stoffe aus, die dem Aufbau eines persönlichen Lebens mehr unmittelbar dienlich sind. – Um die Schülerinnen in die Denk- und Gefühlsweise ihrer Zeit so tief als möglich einzuführen und ihre Denk-, Gefühls- und Willenskraft auf die Aufgaben unserer Kulturperiode hinzulenken, ist das neuere Schrifttum unter Zurückweisung veralteter, minderwertiger Stoffe ausgiebig berücksichtigt."

Einer anderen Aufgabe des Deutschunterrichts, auch in die wissenschaftliche Prosa einzuführen, dienten ein Lesebuch von Heydtmann und Keller (1910ff.) und verschiedene Sammlungen.

Das alles galt aber nur den höheren Mädchenschulen und den Seminaren. Dr. Giesecke erkannte, daß auf die Dauer die Lesebücher für höhere Knabenschulen nicht dahinter zurückbleiben konnten und daß man nicht warten dürfe, bis auch hier neue Richtlinien herauskämen, wie sie die Mädchenschulen so glücklich angeregt hatten. Es war freilich ein Wagnis, ohne solche amtlichen Richtlinien etwas Neues zu schaffen; es hatte aber den Vorzug, daß nun einmal ein Lesebuch rein aus den Bedürfnissen des deutschen Unterrichts heraus geschaffen werden konnte. Der Plan, zunächst das „Döbelner Lesebuch" durch ein neues zu ersetzen, stellte freilich vor eine so schwierige Aufgabe, daß es alles Zuredens durch Dr. Giesecke bedurfte, bis man an einen Entwurf herantrat. Dr. Giesecke konnte hierbei ausnutzen, daß sich hier Gelegenheit gäbe, der „Deutschkunde" ein gut Stück vorwärts zu helfen. In der Tat zeigte sich bald, daß man Gaudig wohl in vielem zum Vorbild nehmen konnte, daß aber deutschkundliche Gesichtspunkte in manchem eine andere Auswahl bedingten; andernteils hatte gerade die stärkere Beachtung, die man nun der Darstellung schenkte, zur Folge, daß man entschieden mit allen Realien aufräumte und von all dem, was gut zu wissen war aus den Nachbargebieten, nur das aufnahm, was dichterische Gestaltung erfahren hatte. Es ist nicht meine Aufgabe, die Geschichte von „Wägen und Wirken" zu schreiben (1. Aufl. 1921, Neue Ausg. 1925ff.), nur zweierlei darf ich festhalten: der Plan, wie ich ihn im Januar 1917 im Hause B. G. Teubner in ständiger Fühlung mit Dr. Giesecke aufgestellt habe, ist unverändert durchgeführt worden und gilt heute noch. Das Lesebuch hat auch in Preußen und vielen anderen Ländern Aufnahme finden können, da die preußischen Richtlinien für Lesebücher sich auf denselben Grundlagen aufbauten. Zum andern: noch vor Erscheinen irgendwelcher Richtlinien hat der Verlag mutig dies Lesebuch herausgebracht mitten in den Tagen der Geldentwertung, und er darf sich rühmen, das erste aus der großen Zahl deutschkundlicher Lesebücher geschaffen zu haben, die heute an unseren höheren Schulen zu deutscher Art erziehen helfen.

Heute ist „Wägen und Wirken" zu einem ganzen Lesebuchwerk ausgebaut mit seinen Heimatausgaben und Beiheften, mit meinem Gedichtband – auch er ging als erster neue Wege –, mit dem Weidelschen Kulturkundlichen Lesebuch „Deutsch" (1927) und mit den „Literaturkundlichen Leseheften" von Hartmann, Salomon und Weidel (1926ff.). Ergänzt wird es durch eine Reihe im gleichen Geist geschaffener Lesebücher: den „Weggefährten" für Berufsschulen, „Herd und Scholle" für ländliche Fortbildungsschulen (Neue Ausg. 1926), „Heimat und Vaterland" für Mittelschulen (1925), die „Quelle" für Polizeischulen. An Auslandsschulen wirken jetzt zwei Lesebücher des Verlags nebeneinander. Während die deutschen Kinder dort „Wägen und Wirken" benutzen, bahnt das Lesebuch von Müller-Preußer „Deutsch im Ausland" (3. Aufl. 1928) den fremden Kindern den Weg zur deutschen Sprache und Kultur; mit diesem Werk hat der Verlag B. G. Teubner nun auch im türkischen Heer Eingang gefunden. Für den Lektüreunterricht ist eine reiche Sammlung von Erläuterungen zu Dicht- und Schriftwerken noch heute lebendig: „Aus deutscher Dichtung", aus der die Arbeiten von Credner, Gaudig und Schnupp über unsere Klassiker sowie Geffckens „Griechische Tragödie" und Finslers „Homer" besonders hervorragen.

Mit sämtlichen Gebieten des deutschen Unterrichts beschäftigt sich das neue Sammelwerk „Der neue Deutschunterricht", die 2. Auflage meiner „Forderungen und Wege für den neuen Deutschunterricht" (1926). Dem Aufsatzunterricht dienen neuerdings Schmieders Werke über den Aufsatzunterricht auf psychologischer Grundlage und eine didaktische und psychologische Untersuchung, Schneiders schon genannte „Meister des Stils".

Niemand erfreut sich wohl solcher Kritik wie der Verleger von Schulbüchern. Wer einmal Einblick gehabt hat in die unendlich schwierige

Arbeit eines Schulbuchverlags, dem vergeht solche Lust zur Kritik, und langsam wächst in ihm eine ehrliche Bewunderung für die Ausdauer, die Anpassungsfähigkeit und den Optimismus, deren ein solcher Verleger bedarf, will er den Mut behalten, immer von neuem um die spröde Seele der deutschen Jugendbildner zu werben. Wenn Dr. Giesecke diesen Mut immer gezeigt hat, wenn wir ihn gerade heute in dem übertriebenen Kampf um deutsche Unterrichtswerke ruhig seinen Weg gehen sehen, wenn er lebhafter als früher für den Deutschunterricht eintritt, so dürfen wir das seiner tiefen Erkenntnis von der Bedeutung des deutschen Unterrichts gerade für unsere Zeit zuschreiben. Darüber hinaus gilt aber seine Neigung und seine Förderung den Selbständigen und Vorwärtsstrebenden auch in der Wissenschaft, für die es zu werben und zu kämpfen heißt. Möge ihm diese Liebe und Kampfesfreude noch lang erhalten bleiben in seinem hohen Beruf, deutscher Bildung ein Wegbereiter und Führer zu sein.

GESCHICHTE UND POLITISCHE BILDUNG

VON

FRANZ SCHNABEL

Wenn der Teubnersche Verlag von seinem altsprachlichen Ausgangspunkte aus in den letzten Jahrzehnten immer mehr auch das Gesamtgebiet der Geschichte in seine Tätigkeit einbezogen hat und heute als ein hervorragendes Verlagsunternehmen auch im Hinblick auf historische Werke dasteht, so ist dies ein besonderes Verdienst von Dr. Giesecke. Von den bedeutenden geschichtswissenschaftlichen Zeitschriften erscheint eine ganze Anzahl bei B. G. Teubner und gibt der Arbeit Rahmen und Richtung, so das „Archiv für Papyrusforschung", das „Archiv für Religionswissenschaft" und die „Byzantinische Zeitschrift", früher auch jahrelang die „Historische Vierteljahrsschrift". Das „Archiv für Kulturgeschichte", das heute schon 27 stattliche Bände aneinandergereiht hat, erinnert an die besondere Stellung, die von jeher gerade Leipzig in der Pflege der Kultur- und Universalgeschichte eingenommen hat. Von den beiden Herausgebern ist Georg Steinhausen derjenige deutsche Kulturhistoriker, der Gustav Freytag abgelöst und eine umfassende deutsche Kulturgeschichte dem deutschen Volke geschenkt hat, während Walter Goetz an der Leipziger Universität die schon immer dort heimische und zuletzt von Lamprecht auf breiteste Grundlage gestellte kulturgeschichtliche Forschungsarbeit weiterführt. In den vor einigen Monaten herausgekommenen Festschriften zum 60. Geburtstag von Rudolf Kötzschke und Walter Goetz ist dieser universalgeschichtliche Gesichtspunkt in besonderem Grade zum Ausdruck gekommen, und es ist dabei Dr. Giesecke zu danken, daß er diese Werke angeregt und herausgebracht hat, die sich durch den Gehalt ihrer Beiträge wie durch die Weite des Interessengebietes vor den vielen Festgaben auszeichnen, mit denen wir während der letzten Jahre in so überreichlichem Maße bedacht worden sind.

Es ist ein schönes Zeugnis echter Bodenständigkeit, wenn eine Weltfirma wie das Teubnersche Haus von den Anregungen der engeren Heimat ausgeht und von hier aus die Pfähle vortreibt in fernes Land. Der fromme Heimatsinn seines obersächsischen Stammes kommt darin zum Ausdruck, wenn Dr. Giesecke besonders sich bemüht hat, die sächsische Geschichte in solchen Werken zu fördern, die in allgemeine Zusammenhänge hinausgreifen. Als die „Sächsische Kommission für Geschichte" gegründet wurde, stellte sich ihr der Verlag sofort zur Verfügung und brachte die meisten ihrer Veröffentlichungen, darunter die umfangreichen Aktenpublikationen, mit denen jede territorialgeschichtliche Arbeit beginnen muß. Dann hat die Kommission eine große, auf viele Bände berechnete Geschichte des geistigen Lebens in Leipzig in Angriff genommen, von welcher bisher die Schulgeschichte von Kaemmel (1910), die Literaturgeschichte von Witkowski (1909) und die Musikgeschichte von Wustmann (1910) erschienen sind. Vor allem aber hat die Landesuniversität selbst es niemals verschmäht, auch die Territorialgeschichte zu pflegen, und Dr. Giesecke hat es sich stets angelegen sein lassen, solche Arbeiten der Öffentlichkeit vorzulegen. Ich denke da besonders an die monumentale Biographie, die Erich Brandenburg dem Herzog Moritz von Sachsen gewidmet hat und die immerdar ein Muster sein wird, wie territorial- und allgemeingeschichtliche Betrachtung mit der biographischen vereinigt werden kann. Auch mancher andere Leipziger Historiker ist in den Katalogen des Verlages vertreten, wie besonders Felix Salomon mit seinen grundlegenden Werken zur britischen Geschichte und seiner vielbenutzten Sammlung „Deutsche Parteiprogramme", sowie Brandenburg und Seeliger mit ihrer „Quellensammlung zur deutschen Geschichte" und Rudolf Kötzschke mit seinen „Grundzügen der deutschen Wirtschaftsgeschichte" und der „Historischen Geographie". Auch das Leipziger Historische Seminar hat wie das Institut für Kultur- und Universalgeschichte in Dr. Giesecke einen Vermittler mit der Öffentlichkeit gefunden: die von Walter Goetz seit 1908 herausgegebenen „Beiträge zur Kulturgeschichte des Mittelalters und der Renaissance" bezeugen die intensive kulturgeschichtliche Arbeit, die in Leipzig während der beiden letzten Jahrzehnte geleistet worden ist. Im Mittelpunkte steht dabei ein Problem, das für die kulturgeschichtliche Erforschung der abendländischen Welt geradezu zentral geworden ist – nämlich die Frage nach der Entstehung der Renaissance aus dem geistigen und sozialen Leben des Mittelalters. Schon Karl Brandi hat in seinem immer wieder aufgelegten, heute bereits in 7. Auflage vorliegenden Buche „Die Renaissance in Florenz und Rom" das Problem anklingen lassen. Bis in unsere Zeit ragte ja noch die alte, humanistische Anschauung von der Geschichte Europas, wonach die Entstehung der modernen Welt ausschließlich oder vornehmlich der wiedererwachten Antike verdankt werden sollte. In die Diskussion über diesen Fragenkomplex haben die Leipziger „Beiträge" in maßgeblicher

Weise eingegriffen, indem sie an bezeichnenden Persönlichkeiten oder Vorgängen das Werden eines neuen Menschen im ausgehenden Mittelalter aufzeigten. Dem gleichen Gedanken dienen jetzt auch die beiden neuesten Serien des Leipziger Instituts für Kultur- und Universalgeschichte, von denen die eine die Entwicklung des menschlichen Bildnisses behandelt, die andere Quellen zur Geistesgeschichte des Mittelalters und der Renaissance herausbringt. In der Tat sehen wir jetzt die geschichtlichen Grundlagen der modernen Welt sehr viel besser und richtiger als ehedem und können nunmehr die Linien der Entwicklung von sicherer Warte aus auch durch die neueren Jahrhunderte ziehen.

Indem wir aber an diese wichtigste Aufgabe erinnern, welche heute und in Zukunft unserer Geschichtswissenschaft gestellt ist, müssen wir desjenigen Historikers und Philosophen gedenken, der dieses große Problem zuerst allseitig erfaßt und seiner Lösung ein ganzes, langes und reiches Leben gewidmet hat: Wilhelm Dilthey. Es zeugt von einem Blick für das Wesentliche, daß Dr. Giesecke die innere Zusammengehörigkeit aller Schriften Diltheys und ihre zentrale Bedeutung frühe erkannt und eine Gesamtausgabe veranstaltet hat, wie sie keinem anderen Historiker jemals zuteil geworden ist – die einzige Ranke-Ausgabe der 80er Jahre vielleicht ausgenommen. Was in vielen Zeitschriften zerstreut, an den entlegensten Stellen versteckt und vielfach schon wieder vergessen war, wurde nun zu bequemer Benutzung zusammengestellt; nun erst sind diese Arbeiten allgemein bekannt geworden, in denen der abendländische Mensch analytisch erfaßt und die Entstehung des deutschen Geistes kritisch entwickelt wird. Die geschichtswissenschaftlichen Bände der „Kultur der Gegenwart" wie der Sammlung „Aus Natur und Geisteswelt" suchen in gleicher Weise, die geschichtlichen Grundlagen unserer eigenen Zeit zu deuten. Es ist nicht möglich, sie alle hier einzeln aufzuzählen; aber erinnert sei wenigstens an jenen Band, den Bezold, Gothein und Koser im echten Geiste Diltheys den heroischen Zeiten der neueren Kulturentwicklung gewidmet haben. Wie stark Dr. Giesecke von diesen Problemen auch persönlich berührt ist und mit ihnen umgeht, hat er vor kurzem durch seinen Beitrag in der „Festschrift für Walter Goetz" bewiesen, wo er die Entwicklung der abendländischen Frömmigkeit darstellt, und durch die Schlußfolgerungen, die er aus den also gewonnenen historischen Resultaten zieht, die Gegenwartsbedeutung aller dieser Probleme und geschichtswissenschaftlichen Forschungen ganz unmittelbar erkennen läßt. Auch die Schriften von Theodor Litt, die im übrigen dem Gebiete der Pädagogik angehören, greifen in diesen geschichtswissenschaftlichen Zusammenhang.

Aber der Verlag hat sich unter der Führung von Dr. Giesecke auch die Pflege der minder hohen und geistigen, aber dennoch ebenso notwendigen Zweige des geschichtlichen Studiums angelegen sein lassen. Wir denken hier besonders an den „Grundriß der Geschichtswissenschaft", den A. Meister herausgegeben hat und der fast vollendet vorliegt. Zahlreiche Abteilungen des für jeden Fachgelehrten und für jeden Studierenden unentbehrlich gewordenen Werkes sind schon in mehrfacher Auflage herausgekommen; von den besten Fachkennern ist hier alles ausgebreitet, was an „Hilfswissenschaften" und an „Sonderwissenschaften" dem geordneten geschichtlichen Studium sich anfügt. Zu jenen gehören Paläographie und Urkundenlehre, Chronologie, Siegel-, Wappen- und Münzkunde, Methodenlehre und Quellenkunde, zu diesen zählen vornehmlich Wirtschafts-, Verfassungs- und Rechtsgeschichte. Ein ähnliches Werk, das in seiner Art doch wieder ganz anders ist und ganz anders sein mußte, hat Dr. Giesecke auch für die „Deutschkunde" angeregt: in den „Grundzügen der Deutschkunde", von denen der 2. Band soeben erscheint, haben die Vertreter der einzelnen geschichtswissenschaftlichen Fächer die deutsche Geschichte vom speziell deutschkundlichen Standpunkt aus behandelt, so daß hier ein Überblick über das ganze geschichtliche Leben des deutschen Volkes gegeben ist.

Als der Weltkrieg ausbrach, war der deutsche Buchhandel, soweit er die geschichtswissenschaftliche Literatur pflegte, vor eine verantwortungsvolle Aufgabe gestellt: es galt, den öffentlichen Geist objektiv über die Lage, ihren historischen Sinn und ihre Aussichten zu unterrichten. Der Verlag hat sich dieser Aufgabe in vornehmer und erfolgreicher Weise unterzogen. Das große Sammelwerk „Deutschland und der Weltkrieg", das die namhaftesten Historiker, Nationalökonomen und Juristen mit Männern der Verwaltung bearbeitet haben, hat damals viel Aufsehen erregt und vor allem auch in den neutralen Ländern unsere Stellung gefestigt. Kein Buch der ganzen Kriegsliteratur hat ferner so viel zur Verbreitung echter geschichtlicher Bildung beigetragen als das in zahlreichen Auflagen verbreitete Werk des Schweden Rudolf Kjellén, aus dem wohl die Mehrzahl unserer Gebildeten ihre Kenntnis der auswärtigen Politik geschöpft haben: die überlegene Ruhe und Vielseitigkeit Rankescher

Betrachtung ist in diesem Geschichtschreiber der modernen Weltmächte lebendig geworden und hat es ihm ermöglicht, die Linien dort weiterzuführen, wo Ranke und Max Lenz sie in ihren Schriften über die „Großen Mächte" niederlegen mußten. Nach dem unglücklichen Ausgang des Krieges erschien das Buch in der notwendig gewordenen Umarbeitung und Ergänzung unter dem Titel „Die Großmächte und die Weltkrise", und demnächst soll es nach dem Tode des Verfassers in einer vom Verlage angeregten, unter Leitung von Haushofer durch berufene Fachleute vorgenommenen erneuten Umarbeitung wiederum herauskommen. Auch andere Bücher, die der Krieg angeregt hat, sind durch die nachfolgenden Ereignisse berichtigt worden, ohne daß dies ihren dauernden Wert beeinträchtigt hätte. So schrieb Karl Hampe über Belgien, A. Hettner über Rußland und über „Englands Weltherrschaft und ihre Krisis", K. Haushofer über Japan. Ein Buch von G. Wegener über China und eine zusammenfassende Geopolitik von R. Hennig werden sich in Kürze anschließen.

Wenn schon dieser Überblick über die Anregungen, welche von Dr. Giesecke auf geschichtswissenschaftlichem Gebiete ausgegangen sind, die starke Bezugnahme auf das Leben und seine Bedürfnisse, die innere Verbindung von Wissenschaft und Praxis erkennen läßt, so tritt dies noch viel stärker zutage, wenn wir die Arbeit betrachten, welche der Verlag im Interesse des geschichtlichen Unterrichts geleistet hat. Hier vor allem ist Dr. Giesecke persönlich führend gewesen, hat die Aufgabe erkannt, die richtigen Männer ausgewählt und zu gemeinsamer Arbeit zusammengeführt. Die enge Verbindung, in welche der Verlag einst schon bei seiner Begründung mit Schule und Unterricht getreten war und welche er seither immer fester geknüpft hatte, legte die Beschäftigung mit geschichtspädagogischen Fragen schon immer nahe, und es waren von jeher gute Lehrbücher der Geschichte, die aus der Teubnerschen Offizin hervorgegangen waren, in der Hand der Schüler gewesen. Aber die Entwicklung des modernen Lebens brachte es mit sich, daß Öffentlichkeit und Lehrerschaft immer unzufriedener mit dem bestehenden Geschichtsunterricht geworden waren und die Reformbedürftigkeit allgemein anerkannt wurde. Unter diesen Umständen bildete sich, noch vor dem Kriege, der „Verband Deutscher Geschichtslehrer", als dessen Organ die Zeitschrift „Vergangenheit und Gegenwart" seit dem Jahre 1910 im Teubnerschen Verlage herauskommt. Prof. Fritz

Friedrich hat als Schriftleiter – in den ersten Jahren in Verbindung mit Prof. Paul Rühlmann – in großzügiger Objektivität alle Richtungen und Ansichten in der Zeitschrift zu Worte kommen lassen, interessante Diskussionen wurden in diesen Spalten geführt, das Bewußtsein von der Größe der Aufgabe und ein optimistischer Glaube an ihre Erfüllung beflügelten die Mitarbeiter, und der Herausgeber hat selbst als das erste Grundbuch der Reform sein Werk „Stoffe und Probleme des Geschichtsunterrichts" geschrieben, das 1915 im Teubnerschen Verlage herausgekommen ist, seither mehrfach aufgelegt wurde und jedem Geschichtslehrer vertraut geworden ist. So klärten sich allmählich die Ansichten und führten aus der Kritik am alten Unterricht zu den Grundlinien eines neuen. Man erkannte, daß der Geschichtsunterricht eine Unmenge toten Ballastes mitschleppte, der die Schüler niedergedrückt und sie geschichtsfeindlich gemacht hatte; man sah – es war in den letzten Jahren vor Ausbruch des Weltkrieges – den wunderbaren Aufschwung unserer deutschen Jugend, ihre Hinwendung zu den großen Aufgaben der sozialen Gemeinschaft und der religiösen Selbsterneuerung, und man erkannte, was gerade der Geschichtsunterricht, wenn er in der Auswahl des Stoffes und in der Methode der Darbietung das Richtige fand, unseren Jünglingen bedeuten konnte. Es galt, vom Leben den Ausgang zu nehmen, an der Hand des geschichtlichen Verlaufes Lebensfragen aufzuwerfen und zu erörtern, den lebendig gewordenen Sinn für das Politische zu üben und zu entwickeln. Die Fragen wurden eifrig diskutiert – in der Jugend nicht minder wie in dem jugendlich empfindenden Teile der Lehrerschaft; der Ruf nach einem neuen Geschichtsbuche, das den neuen Gedanken entspreche, wurde immer dringlicher und zumal der Ruf nach einem Geschichtsbuch für Oberklassen, weil in diesen vor allem die neue Jugend sich bemerkbar machte und die Not der Zeit allen auf den Fingern brannte. Denn die Zeit unmittelbar vor dem Weltkriege, die dem Philister so geruhsam und langweilig zu sein schien, war in Wirklichkeit voll der höchsten und zukunftschwersten Probleme, nur daß die Menge der Satten nicht sah, worum es ging und was auf dem Spiele stand.

Dies war die Lage, als Dr. Giesecke mit dem Plane eines neuen Geschichtsbuches hervortrat, die Mitarbeiter sammelte und mit ihnen die Grundzüge entwarf. Der Aufbau des Werkes stand bereits fest, die Verfasser hatten sich in den neuen Prinzipien geeinigt, sie waren an der Arbeit – da brach der Weltkrieg aus; ein Mitarbeiter nach dem andern mußte ausscheiden, und erst nach Kriegsende konnte die Arbeit wiederaufgenommen werden. Die äußeren Verhältnisse hatten sich gewaltig geändert; aber die Jugend, die nun aus den Schützengräben zurückkehrte, war in ihrem sittlichen Streben, in ihrer Ablehnung alles toten Wissens und in ihrem entschiedenen Hindrängen zu den Aufgaben des Staates eher noch gestärkt worden. Dazu kam nun der neue Staat selbst, der mehr wie jeder andere an einer weiten geschichtlichen und politischen Bildung der Jugend interessiert zu sein schien. Der alte Plan, der unmittelbar vor dem Kriege entworfen worden war, erwies jetzt seine innere Richtigkeit; es bedurfte nichts als der Ausführung. Jahre freilich vergingen mit dieser Ausarbeitung, und es waren die härtesten, welche das deutsche Vaterland gesehen hat. Dr. Giesecke hat trotz der Aussichtslosigkeit der Verhältnisse an dem Ziele unentwegt festgehalten, die Bearbeiter immer wieder ermuntert, bis der „Grundriß der Geschichte für die Oberstufe der höheren Lehranstalten" vorlag. Der „Grundriß" stellt, wie bekannt, die Unterweisung in den geschichtlichen Problemen voran; er hat allen Gedächtnisstoff, der keinen unmittelbaren Bildungswert besitzt, preisgegeben, strebt nach Übersichtlichkeit und scharfer Gliederung und dringt auf Erörterung der politischen Fragen. Die Erzählung der Vorgänge überläßt er in den Oberklassen dem niemals ersetzbaren, unmittelbaren Vortrage des Lehrers oder dem Referat des Schülers; er setzt voraus, daß viele Kapitel nur durch gemeinsame Besprechung von Lehrern und Schülern im Arbeitsunterricht erfaßt werden können: die reichen Quellensammlungen des Teubnerschen Verlages hat Dr. Giesecke in Voraussicht der kommenden Entwicklung schon vor dem Kriege begründet. In rascher Folge schlossen sich eine Reihe von Lehrbüchern für die Unter- und Mittelstufe an, dazu eine Sammlung knapper Heimatgeschichten, ein Bilderwerk zur Kunst- und Kulturgeschichte, mehrere Unterrichtswerke für die aufstrebenden preußischen Mittelschulen und eine Anzahl methodischer Schriften, so die tiefschürfende Arbeit von Weniger über die „Grundlagen des Geschichtsunterrichts" und das Sammelwerk „Der neue Geschichtsunterricht". Auch der äußere Erfolg der verschiedenen Unterrichtswerke ist nicht ausgeblieben. Sie haben in den meisten Schulen des nördlichen und südlichen Deutschland Fuß gefaßt und konnten teilweise in mehreren Parallelausgaben erscheinen, die den verschiedensten methodischen Anschauungen und Bedürfnissen Rechnung tragen. Dem Verfasser dieser Zeilen gereicht es zur Befriedigung, daß der Wunsch seiner ersten Arbeitsjahre vor dem Kriege heute erfüllt ist und die meisten deutschen Studenten, die auf unseren Universitäten den verschiedensten Fachstudien obliegen, ihre abschließende geschichtliche Bildung und die Kenntnis der neueren Jahrhunderte aus seinem Buche geschöpft haben. Trotzdem wird jeder, der den zukunftsfrohen Optimismus erlebt hat, mit dem wir um 1910 für eine neue, bessere und höhere politische Bildung unserer akademischen Jugend gekämpft haben, nicht ohne eine gewisse Wehmut auf jene Zeit zurücksehen. Alle äußeren Möglichkeiten für einen neuen geschichtlichen Unterricht scheinen heute gegeben, aber die Jugend ist eine andere geworden! In der Verwirrtheit eines unendlich gesteigerten und intensivierten Lebens fehlen Ruhe und Konzentriertheit, ohne die nun einmal geistige Arbeit nicht zu gedeihen vermag; das Vielerlei überflutet auch unsere Schulen, und der politischen Hochstimmung von ehedem, die in Opposition gegen das kaiserliche Deutschland stand, ist im republikanischen Deutschland eine Gleichgültigkeit allem politischen und historischen Leben gegenüber gefolgt, die das Schlimmste für die Zukunft unseres Staates befürchten läßt. Vor allem aber fehlt es an Nachwuchs unter den Geschichtslehrern, weil unsere deutschen Fakultäten mitten im ehernen Tritt der weltgeschichtlichen Ereignisse von ihrer Selbstsicherheit nichts verloren haben; nicht anders als vor zehn oder zwanzig Jahren pflegen sie ein im tiefsten Innern unpolitisches Ästhetentum und führen die Studierenden, die künftigen Lehrer der Geschichte, zu verfrühten Produktionen atomistischer Art, statt ihnen eine universale Geschichtskenntnis und eine sichere Methode zu vermitteln. Die Geschichte des Teubnerschen Verlages, der im Jahre 1811 begründet worden ist, ist auch in solcher Hinsicht lehrreich für die Gegenwart; denn diese Geschichte zeigt, wie der Weltruf der Firma und ihre wirtschaftliche Bedeutung jenseits der deutschen Grenzen nur möglich waren, weil die deutsche klassische Philologie und weiterhin überhaupt die höheren Schulen der Deutschen unerreicht dastanden in der Welt. Noch ist der deutsche Kaufmann und der deutsche Verleger mutig zur Stelle, wie gerade die Lebensarbeit des Sechzigjährigen zeigt, die wir heute rückblickend und dankbar überschauen; wir wissen uns einig in dem Bewußtsein, daß nur die Gewöhnung an echtes geistiges Leben die deutsche Jugend aus dem spielerischen Dasein der Gegenwart hinausführen und ein kommendes Deutschland vorbereiten kann.

DIE STAATSBÜRGERLICHE ERZIEHUNG IN DEN LETZTEN DREISSIG JAHREN

VON

GEORG KERSCHENSTEINER

I.

Um die Jahrhundertwende erließ die Kgl. Akademie für gemeinnützige Wissenschaften zu Erfurt ein Preisausschreiben für Bearbeitung des Themas: „Wie ist unsere männliche Jugend von der Entlassung aus der Volksschule bis zum Eintritt in den Heeresdienst am zweckmäßigsten für die staatsbürgerliche Gesellschaft zu erziehen?" Ich war wenige Jahre vorher gerade von diesem Gedanken angetrieben, zu einer völlig neuen Gestaltung des gesamten Fortbildungsschulwesens der Stadt München gekommen. Die Frage der Akademie war für mich schon beantwortet. Ich hatte meinen Gedankengang nur niederzuschreiben. Als der Preis mir zufiel, veröffentlichte die Akademie die Arbeit unter dem Titel: „Staatsbürgerliche Erziehung der deutschen Jugend." Sie hat bis heute acht Auflagen erlebt.

Etwa acht Jahre nach der ersten Veröffentlichung der Arbeit veranstaltete die Deutsche Zentrale für Jugendfürsorge im deutschen Reichstagsgebäude zu Berlin eine Konferenz, um die gleiche Frage unter Beteiligung der verschiedensten Parteien und Berufe eingehend zu erörtern. Ich hatte das erste Referat zu erstatten und veröffentlichte es wenige Wochen darauf unter dem Titel: „Der Begriff der staatsbürgerlichen Erziehung" bei B. G. Teubner, mit dessen Verlag ich damals bereits seit zwanzig Jahren in enger Beziehung stand. Auch diese Schrift hat bis heute sechs Auflagen zu verzeichnen.

In der Zwischenzeit war das Wort von der staatsbürgerlichen Erziehung, von dem gegen Ende des vergangenen Jahrhunderts noch verhältnismäßig wenig zu hören war, zum Schlagwort geworden. Das Problem war nicht etwa ein neues Problem; es tauchte schon auf, als die absoluten Monarchien sich mehr und mehr in Staaten mit konstitutioneller Verfassung umwandelten und der Untertan „zum Staatsbürger" wurde, der an den Geschicken des Staates aktiven Anteil nehmen konnte. Wohl eines der bemerkenswertesten Bücher schon aus dieser Zeit war das zweibändige Werk von Christian Daniel Voss, einem Lehrer am Pädagogium in Halle, das 1799 unter dem Titel erschien: „Versuch über die Erziehung für den Staat." Aber dem Werk war kein praktischer Erfolg beschieden. Die Stimme des Rufers blieb ebenso ungehört wie die seiner Nachfolger, die von staatsbürgerlicher Erziehung sprachen, aber entweder nationale Erziehung oder Erziehung zur Vaterlandsliebe meinten und für diese Aufgabe entweder einen vertieften Geschichtsunterricht oder einen besonderen Unterricht in Gesellschaftskunde forderten. Selbst Fichte und Jahn, deren Vorschläge nicht bloß auf solche Unterweisungen gerichtet waren, sondern die das Problem in seiner Tiefe erfaßten, hatten keinerlei Einfluß auf den Gang der öffentlichen Erziehung. Kein Mensch wird sich darüber wundern, der die Geschichte der Reaktion kennt, in der das Turnen des Vater Jahn als eine „Eiterbeule" erklärt werden konnte, die man aufstechen müsse (Friedrich Gentz) und in der die Zensur nicht erlaubte, daß Goethe und Schiller als Autoritäten bezeichnet werden, sondern höchstens als Autoren (Wien 1848).

Zu wirklichem Leben erwachte die Frage erst, als Kaiser Wilhelm II. zur Regierung kam und er nach dem völligen Versagen des Sozialistengesetzes die sozialdemokratische Bewegung mit geistigen Mitteln in ihrer Entwicklung verhindern wollte. Was aber zunächst in die Erscheinung trat, sei es in den Erlassen des Kaisers, sei es in der Schulkonferenz von 1890, sei es in weiteren Verhandlungen politischer und unpolitischer Gruppen, war nicht eigentlich staatsbürgerliche, sondern parteipolitische Erziehung oder staatspolitischer und historischer Unterricht zum Schutze der Jugend gegen die Lehren der Sozialdemokratie. Es war Kräftigung der monarchischen Gesinnung, etwas mehr Kenntnis der politischen Einrichtungen des eigenen Vaterlandes und Versuche zu einem besseren Verständnis dieser Einrichtungen. So hatte auch Napoleon I. die staatsbürgerliche Erziehung gesehen (vgl. das Kaiserl. Dekret vom 17. März 1808). So sieht es auch mutatis mutandis die russische Union der Sowjetrepubliken. Vielleicht war auch die Fragestellung der Kgl. Pr. Akademie aus einer solchen Einstellung heraus gewachsen. Ich weiß es nicht. Aber meine Antwort ging in völlig anderer Richtung, und die Akademie bekannte sich zu meiner Antwort und zu meinen Forderungen hinsichtlich der praktischen Gestaltung staatsbürgerlicher Erziehung im deutschen Bildungswesen.

Was waren diese Forderungen, und auf welcher Grundlage ruhten sie? Wenn wir hier Betrachtungen über die Verwirklichungen der Idee der staatsbürgerlichen Erziehung in den letzten 30 Jahren anstellen, so müssen wir natürlich zuerst die Frage beantworten, was denn mit dieser Idee überhaupt gemeint ist. Das 18. Jahrhundert meinte darunter nichts als den braven, folgsamen Untertan des Polizeistaates, das 19. Jahrhundert den Monarchisten des Verfassungsstaates, das 20. Jahrhundert den Republikaner des souveränen Volksstaates. In Italien fühlt sich der Fascist, im Sowjetrußland der Kommunist als den echten und rechten Staatsbürger.

Allein hier wird die Staatsform mit der Staatsidee verwechselt. In der Staatsform tritt der Träger der Staatsmacht in den Vordergrund. In der Staatsidee dagegen muß der Sinn des Staates zum Ausdruck kommen. Der Sinn des Staates kann aber, heute wenigstens, kein anderer sein als, der geistigen und sittlichen Entwicklung der Gemeinschaft, die ihn bildet, Schutz und Hilfe zu gewähren und im Kampfe der Interessen seiner Glieder einen Ausgleich nach den Maßstäben der Gerechtigkeit und Billigkeit zu treffen, oder mit anderen Worten, der steigenden Versittlichung der Gemeinschaft dienstbar zu sein. Im Ursprung des Staates liegt dieser Sinn allerdings nicht. Die Wurzel des Staates in der Geschichte der Menschheit ist die Gewalt, ist die Herrschaft. Aber indem diese Gewalt innerhalb gewisser Gebiete Schutz und Ordnung für das Leben schuf, insbesondere auch für das geistige Leben, konnte sich Erkenntnis und Sittlichkeit entwickeln, und diese richteten dann ihr Denken und ihr Tun selbst auf das Gebilde der Macht, auf den Staat. Vor dem Geiste steigt mehr und mehr ebenso wie die Idee des Menschen so auch die Idee des Staates auf, und diese Ideen werden zu treibenden Motiven sowohl der allgemeinen Menschenerziehung (Pestalozzi) wie der speziellen staatsbürgerlichen (Fichte). Wenn diese Erziehung niemals vergißt, daß eine unausrottbare Wurzel des Menschen im animalischen Selbsterhaltungstrieb steckt, und daß ebenso die unvertilgbare Wurzel des Staates im animalischen wie im geistigen Machttrieb gesucht werden muß, dann wird sie, wie sehr sie sich auch von der Idee des Menschen bzw. der Idee des Staates leiten läßt, niemals den Boden der Wirklichkeit unter sich verlieren.

Staatsbürgerliche Erziehung setzt also notwendig einen ethischen Begriff des Staates voraus. Sie kann weder von einem juristischen noch weniger von einem soziologischen Staatsbegriff ausgehen. Freilich ist der im ethischen Begriff gefaßte Staat eine ewige Aufgabe, während der juristische und soziologische Staatsbegriff lediglich die vorhandenen konkreten Staatsgebilde kennzeichnet. Aber „es ist ein Prinzip der Erziehungskunst," erklärt Kant in seinen Vorlesungen über Pädagogik, „das besonders solche Männer, die Pläne zur Erziehung machen, vor Augen haben sollen: Kinder sollen nicht dem gegenwärtigen, sondern dem zukünftig möglichen besseren Zustand des Menschengeschlechts, d. i. der Idee der Menschheit und deren ganzer Bestimmung, angemessen erzogen werden". (J. Kant „Über Pädagogik", Ausgabe von Prof. Voigt, S. 75.)

Nennen wir nun jene Gesinnung, die von der sittlichen Staatsidee getragen ist, Staatsgesinnung, so ist das Ziel der staatsbürgerlichen Erziehung die Erziehung zu dieser sittlichen Staatsgesinnung. Diese Staatsgesinnung unterscheidet sich sowohl von der bloßen Rechtsgesinnung wie von der bloßen Gemeinschaftsgesinnung wie von der bloßen Nationalgesinnung. Der Rechtsgesinnung liegt der Wert der Rechtsordnung zugrunde, so wie sie nun einmal ist. Die sittliche Staatsgesinnung aber beugt sich zwar dem positiven Recht, ist jedoch stets auf immer größere Versittlichung dieser Rechtsordnung bedacht. Die Gemeinschaftsgesinnung braucht weder mit der Staatsgesinnung etwas zu tun zu haben, noch braucht sie auf eine solche notwendig zu führen. Sie kann ebenso einem religiösen Wert und seiner Güterpflege dienen wie einem wissenschaftlichen, ästhetischen, sozialen, wirtschaftlichen Werte. Sie kann sich auch über alle Staaten ausdehnen; man denke nur an die allgemein internationalen Verbände. Aber auch die bloße Nationalgesinnung ist noch keine Staatsgesinnung, wiewohl der Weg zur Staatsgesinnung im wesentlichen nur über die nationalen Güter führt. Denn die von mir gezeichnete Staatsgesinnung ist eine sittliche Idee von solcher Weite und Höhe, daß sie notwendig über die bloße Nationalgesinnung hinausragt; sie hat nicht die Enge der bloßen Nationalgesinnung, schließt diese aber in sich ein. Wären beide Gesinnungen wirklich identisch, so könnten nicht nationale Parteien im Kampfe um gewisse Anschauungen, die sie voneinander trennen, vollständig das Staatsinteresse vergessen, und umgekehrt könnten internationale Parteien trotz ihrer Weltzusammenhänge im gegebenen Moment dem nationalen Staate, dem ihre Sondergruppe angehört, sein Recht zuerkennen und für dasselbe eintreten, sofern dieser internationalen Partei Gerechtigkeit gegen alle ein sittliches Gut ist.

So ist also staatsbürgerliche Bildung weder identisch mit staatspolitischer noch mit sozialer noch mit nationaler Bildung. Sie ist immer mehr als alle drei. Ja, sie umfaßt auch noch die Forderung der beruflichen Bildung und deren Versittlichung, und sie ist vor allem nicht Unterweisung und Belehrung über den Staat und seine Aufgaben, sondern in noch viel höherem Maße Erziehung für diese Aufgaben.

Das war der Standpunkt, von dem aus ich mehr intuitiv als in theoretischer Überlegung vor 30 Jahren begann, durch eine völlige Umwandlung der allgemeinen Fortbildungsschule in Berufsschulen die staatsbürgerliche Erziehung in geeignete Bahnen zu leiten. In der Preisschrift, die ja erst erschien, als die praktischen Organisationen bereits im Gange waren, schon angedeutet, ist er dann in steigender Klarheit in meinen weiteren Schriften zum Ausdruck gekommen. Es ist selbstverständlich, daß diese meine Anschauung vom Wesen der staatsbürgerlichen Erziehung nur eine unter verschiedenen anderen war und vielleicht heute noch ist. Denn für mich ist der Staat kein Selbstzweck; für mich ist er nur ein Mittel zum Zweck, ein Mittel, das unentbehrlich ist, um der immer aufs neue aufzugreifenden Versittlichung der Gemeinschaft den notwendigen Schutz und die in vielen Fällen nur von ihm allein zu leistende Hilfe zu gewähren. Dabei darf uns nicht der Widerspruch schrecken, der in der Wurzel des Staates steckt, des Staates, der aus dem Machtwillen geboren ist, der nur durch Ausübung des souveränen Machtwillens leben kann und der dennoch jeder wahrhaft kulturellen Bewegung, jeder Tat des Geistes die notwendige Freiheit geben soll.

Jede Überbetonung dieses gewiß niemals restlos aufzulösenden Widerspruchs zwischen Persönlichkeit und Staatsganzen kann nur die Wirkung haben, die Kräfte zu lähmen, die für die Lösung der ungeheuren Aufgabe der staatsbürgerlichen Erziehung ganz unentbehrlich sind. Wir müssen wissen, daß es weder in der Vergangenheit ein Paradies auf Erden gegeben hat noch in der Zukunft ein solches geben wird, und wir müssen auch unsere Jugend zu dieser Erkenntnis erziehen. Darin stimme ich mit Theodor Litt überein, daß wir nicht, wie es die „neue Erziehung" vielleicht tut, dem heranwachsenden Geschlecht die Fata Morgana einer zukünftigen völlig harmonischen Menschengemeinschaft an die Wand malen dürfen. Aber ich teile nicht seine Anschauung, daß wir dieser Gefühlsseligkeit den Gedanken der Erziehung zum heroischen Willen gegenüberstellen sollen oder auch nur können, wenn er nicht das gleiche darunter verstehen sollte, was ich mit der Erziehung zum moralischen Mute meinte, den ich neben dem selbstlosen Wohlwollen und dem Verantwortlichkeitsbewußtsein als die staatsbürgerlichen Kardinaltugenden erklärt habe. Heroismus, also heldenhafte Bejahung der unvermeidlichen Übel im persönlichen Leben, setzt fast übermenschliche Kraft voraus, während der moralische Mut meist auch von der Hoffnung mitgetragen ist, daß fast jedes irdische Übel, wenn auch nicht zum Verschwinden gebracht, so doch im Laufe der Zeiten gemildert werden kann.

II.

Wenn wir uns nun nach diesen Klarlegungen der Frage der Entwicklung der staatsbürgerlichen Erziehung in den letzten dreißig Jahren zuwenden, so fällt demjenigen, der die pädagogischen Erscheinungen dieses Zeitraums überblickt, sofort eines in die Augen: das Aufgreifen und die steigende Ausbreitung der staatsbürgerlichen Belehrung in allen Gattungen unseres deutschen Schulwesens. Das ist nicht bloß auf die kaiserlichen Erlasse nach der Schulkonferenz von 1890 zurückzuführen, sondern auch durch das Gesetz zu erklären, daß jede neue Bewegung sich zunächst in der Richtung des kleinsten Widerstandes weiterentwickelt. Der geringste Widerstand lag aber zweifellos in der Richtung der staatsbürgerlichen Belehrung. Hier stand eigentlich alles schon bereit: die an das Arbeiten mit Büchern gewöhnten Schulen waren vorhanden, die Lehrpläne konnten leicht erweitert werden, sei es durch entsprechenden Ausbau alter Disziplinen wie Geschichte und Geographie, sei es durch Einfügung neuer Lehrfächer wie Staatsbürgerkunde oder Volkswirtschaftslehre, die Lehrer konnten für diesen Unterricht verhältnismäßig schnell und leicht vorbereitet und gewonnen werden, und die neuen Lehrbücher konnten jeden Augenblick geschrieben werden. Das war altes, längst gewohntes Geleise. Man kann auch gar nicht sagen, daß diese Belehrungsaktion überflüssig gewesen wäre; denn die Kenntnis des deutschen Staatswesens, seiner Einrichtungen und Behörden, seiner Verfassung und seiner Aufgaben in Reich und Ländern war jedenfalls bis zum Ende des Krieges in den Reihen seiner sogenannten „Staatsbürger", die doch alle durch das gleiche Wahlrecht zur Regierung berufen waren, geradezu beschämend. Ich habe schon vor vielen Jahren auf die Äußerung Jules Hurets hingewiesen, die er nach seiner Reise durch Deutschland etwa acht Jahre vor dem großen Krieg im „Figaro" machte, wobei er sich auf eine Abendunterhaltung mit sehr gebildeten und unterrichteten Leuten einer großen Stadt Westfalens bezog. „Sie hatten keine Ahnung", sagte er, „von der Regierungsform, unter der diese Herren lebten. Die erstaunliche Gleichgültigkeit und Unwissenheit sind ein schlagender Beweis, daß Deutschland in politischer Beziehung im tiefen Schlafe liegt." Wenn möglich noch schlimmere Ergebnisse zeigten fast alle Rekrutenprüfungen, darunter insbesondere auch jene, die Dr. Hans Lange, heute

Professor am Psychiatrischen Forschungsinstitut in München, noch während des Krieges vornahm. In seiner von der Universität Straßburg ausgezeichneten Preisschrift „Das Problem der staatsbürgerlichen Erziehung" (Otto Nemnich, Leipzig) weist Prof. August Messer auch auf die Rede hin, die Adolf Harnack über Autorität und Schule auf der Versammlung deutscher Philologen und Schulmänner zu Basel 1907 gehalten hat, und worin er erklärte: „Es ist ein unerträglicher Übelstand, daß aus zahlreichen Gymnasien – sollen wir sagen aus den meisten? – die Schüler nach jahrelangem Geschichtsunterricht herauskommen und doch unser gegenwärtiges Verfassungsleben und unsere öffentlichen Rechtszustände auch nicht einmal in ihren Grundzügen kennen, wenigstens nicht in bezug auf die deutschen Verhältnisse .... Ich habe mich immer wieder von der bodenlosen Unwissenheit überzeugt."

Staatsbürgerliche Belehrung der heranwachsenden Jugend war also nichts weniger als überflüssig, und zwar wie natürlich in bezug auf den Staat, in dem die Jugend lebte, und nicht bloß in bezug auf den griechischen und römischen Staat des Altertums oder auf den deutschen Staat des Mittelalters. Die deutsche Reichsverfassung vom Jahre 1919 hat sie nunmehr auch allen Schulen ohne Ausnahme zur Pflicht gemacht, indem sie im Art. 148 festsetzt: „Staatsbürgerkunde und Arbeitsunterricht sind Lehrfächer der Schule. Jeder Schüler erhält nach Beendigung der Schulpflicht einen Abdruck der Reichsverfassung."

In den ersten Zeiten vollzog sie sich jedoch vielfach in dem Geiste, aus dem Kaiser Wilhelm sie 1890 gefordert hatte, im Geiste des Kampfes gegen die sozialdemokratische Partei und weiterhin, wenn auch nicht so offen, gegen das Zentrum sowie gegen den linken Flügel des Liberalismus. Man verwechselte oder vermischte, wie das übrigens auch heute noch nicht selten geschieht, staatsbürgerliche Gesinnung mit staatspolitischer oder monarchischer oder nationaler oder gar parteipolitischer Gesinnung und stellte demgemäß auch die Belehrung und die Abfassung von Büchern auf diese Gesinnung ein. Aber wir haben bereits erwähnt, daß jede dieser Gesinnungen ihre Eigengüter hat, auf die sie gerichtet ist, wie sehr auch im einzelnen Staatsbürger diese zweifellos verschiedenen Gesinnungen zu einer Einheit verschmolzen sein können. Als Staatsbürger muß aber ein jeder das Recht, das er für seine staatspolitische, religiöse, nationale, parteipolitische Überzeugung in Anspruch nimmt, auch jedem anderen Staatsbürger einräumen, sofern nur dieser von der Idee des Staates als einem von der Gerechtigkeit, d. h. als einem von dem gleichen Rechte aller erfüllten souveränen Rechtssystem durchdrungen ist.

Man hat in diesen Zeiten oft an die Stelle des staatsbürgerlichen Denkens das politische Denken geschoben und diesem politischen Denken die Kenntnis der Vergangenheit zugrunde gelegt, um aus dieser Vergangenheit für die Gegenwart und Zukunft des deutschen Staates Richtpunkte des politischen Denkens abzuleiten. Ich erwähne, um ein Beispiel zu geben, die „Angewandte Geschichte" von Prof. Heinrich Wolf, ein Buch, das im Jahre 1910 zum erstenmal erschienen ist und das dann rasch neue Auflagen erlebte. Trotz seiner in vieler Hinsicht ganz hervorragenden Qualitäten war es doch nach meiner Meinung eine nicht ungefährliche Gabe für die staatsbürgerliche Bildung. Wir Deutsche sind nun einmal ein Volk des Individualismus. Unsere erste Sorge muß genau die gleiche sein wie im gleichgearteten Volk des alten Griechenlandes: der Entartung des Individualismus ebenso entgegenzuarbeiten wie der Überspannung des Sozialismus. Plato kannte das Mittel dazu: die Erziehung zur Brüderlichkeit, jener Brüderlichkeit, die den Klassenkampf unmöglich macht, die alle Glieder des Staates als die Glieder einer großen Familie trotz ihrer verschiedenen staatspolitischen Einstellungen umfaßt. Der staatsbürgerliche Sinn ist in erster Linie der Sinn einer solchen Brüderlichkeit. Er ist eine Einstellung, die keinem die Achtung und Sympathie versagt, der einer anderen politischen oder religiösen Überzeugung ist, sofern nur diese Überzeugung als eine sittliche bezeichnet werden kann, und die jedem die gleiche Freiheit für die Betätigung dieser sittlichen Überzeugung gewährt, die der Einzelne für seine eigene in Anspruch nimmt. Es ist die Einstellung, die aus dem Kerne der Staatsidee entspringt, eben der Gerechtigkeit.

Für die staatsbürgerliche Belehrung fanden sich in steigender Fülle bald mehr bald minder glückliche Autoren. Es kann nicht meine Absicht sein, eine qualifizierende Bibliographie der Literatur für staatsbürgerliche Belehrung in dieser Festschrift aufzustellen. Wohl eines der ersten Bücher, das einen gesunden Weg einschlug, ist das auf meine Veranlassung verabfaßte und mit einem Vorwort von mir begleitete Buch des damaligen Lehrers und jetzigen Ministerialrates im Bayerischen Unterrichtsministerium Johannes Lex, das unter dem Titel „Lebens- und Bürgerkunde" im Jahre 1902 bei Karl Gerber in München erschien. Es diente für den Gebrauch in den 8. Volksschulklassen und vor allem in den neugestalteten Berufsschulen, deren Organisation ja aus dem Gedanken der staatsbürgerlichen Erziehung, so wie sie hier dargelegt wurde, herausgewachsen war. Ihm folgte bald eine Reihe anderer und, wie wir beide gerne zugeben wollen, vollendetere Bücher für die staatsbürgerliche Belehrung an den Berufsschulen. Nicht zuletzt waren es drei Frauen, die schon frühzeitig das rechte Ausmaß und die rechte Form staatsbürgerlicher Belehrung fanden: Elisabeth Gnauck-Kühne, deren Büchlein „Das soziale Gemeinschaftsleben im Deutschen Reich" bereits 1912 in 14. Auflage im Volksvereins-Verlag München-Gladbach erschien und dessen Titel schon verrät, worauf es der Verfasserin in der staatsbürgerlichen Erziehung ankam; weiterhin Alice Salomon und Margarethe Treuge, die erstere mit den Büchern „Die deutsche Volksgemeinschaft" und „Einführung in die Volkswirtschaftslehre", die letztere mit dem Buche „Einführung in die Bürgerkunde". Alle drei Bücher sind im Verlag B. G. Teubner erschienen, dem wir alsbald die Herausgabe einer Reihe wertvoller Schriften verdankten, die für die staatsbürgerliche Belehrung der reiferen Jugend in Betracht kamen. Es war das verdienstvolle Streben Dr. Gieseckes, den Verlag auch nach dieser Seite zu entwickeln. Ich erinnere vor allem an das zweibändige Werk „Schaffen und Schauen", das im Jahre 1911 zum erstenmal unserer Jugend geboten wurde und heute in 4. Aufl. vorliegt. Es bietet eine durchaus unparteiische sachlich wertvolle Bürgerkunde. Ich erinnere weiter an die vom Teubnerschen Verlage herausgegebene Schriftenreihe der „Vereinigung für staatsbürgerliche Bildung und Erziehung", die im Jahre 1909 zu Goßlar gegründet wurde, um „fern von parteipolitischen und konfessionellen Bestrebungen die staatsbürgerliche Bildung im deutschen Volke zu fördern und namentlich auf die Erziehung der heranwachsenden Jugend zum Verständnis der Grundlagen des Staatslebens zum vaterländischen Verantwortlichkeitsgefühl und staatsbürgerlichen Pflichtbewußtsein zu wirken". Diese Schriftenreihe befaßt sich, soweit ich sie kenne, zunächst mit der Schilderung der staatsbürgerlichen Erziehung im Ausland, vor allem in der Schweiz, in Dänemark, in den Niederlanden, mit der Darstellung des staatsbürgerlichen Unterrichts in Österreich und Frankreich und gibt weiterhin Anweisungen für staatsbürgerlichen Unterricht in der Geschichte, für die staatsbürgerliche Erziehung in den Lehrerseminarien, auf den höheren Schulen, an Volksschulen und Berufsschulen. Neuerdings schließt sich an diese Publikationen aus dem Teubnerschen Verlage für staatsbürgerliche Belehrung das fünfbändige „Handbuch der Staats- und Wirtschaftskunde" an, das als Nachschlagebuch für gebildete Leser, die mit starkem Verantwortlichkeitsgefühl im politischen und wirtschaftlichen Leben stehen, mir ganz besonders wertvoll erscheint. Und unter den letzten Erscheinungen (aus dem Jahre 1927) hebe ich aus den „Lehrmitteln für gewerbliche Berufsschulen" des Verlags die Hefte 28 u. 29 hervor mit dem Titel „Die Volksgemeinschaft und ich", bearbeitet von Berufsschuldirektor Willi Fender in Berlin-Zehlendorf. Hier sind Anschaulichkeit, Bündigkeit und weise Beschränkung wohltuend miteinander verbunden.

Den verdienstvollen Büchern des Teubnerschen Verlages stelle ich drei andere Schriftenreihen zur Seite, diejenige von Professor Hans Dorn unter dem Titel „Staatsbürgerliche Flugschriften" herausgegebene, ferner die bis auf 15 Einzelwerke angewachsene „Politische Bibliothek" und die von Martin Buber redigierte auf etwa 40 Bändchen angewachsene Reihe von Schriften unter dem Titel „Die Gesellschaft". Die beiden ersten sind im Verlag Eugen Diederichs in Jena, die dritte Reihe bei Rütten und Loening in Frankfurt erschienen.

Alle drei Reihen enthalten zu einem großen Teil ausgezeichnete Schriften zur staatsbürgerlichen Belehrung, fern von den einseitigen Aburteilungen politischer Parteien, die immer eine gewisse Kurzsichtigkeit des Verfassers verraten. Aber sie dienten nicht eigentlich dem Unterricht an den verschiedenen Schulen. Obwohl solche Schulbücher in großer Zahl erschienen sind, so sind meines Wissens außer in kaufmännischen Berufsschulen bis heute noch nur sehr wenig solcher Lehrbücher in Deutschland zur Einführung gekommen. Aus der großen Zahl solcher Unterrichtsbücher möchte ich außer den bereits erwähnten des Teubnerschen Verlages nur eines noch hervorheben, das ich genauer kenne, und das ich als wertvolles Buch bezeichne: das von Arthur Schröder in Verbindung mit etwa 10 anderen Autoren herausgegebene Buch „Der deutsche Staatsbürger". Es ist zum erstenmal 1911 im Verlag von Ernst Pöschel in Leipzig erschienen. Arthur Schröder wußte, daß das politische Leben seiner Zeit genau wie das der unsrigen Zeit an unnötiger Schärfe der Gegensätze krankt, die in der Hauptsache auf ein Nichtverstehen des Gegners zurückzuführen seien. Diese Gegensätze abzuschleifen, sollte der „Deutsche Staatsbürger" in seinem Teil versuchen. Im übrigen habe ich das beste Muster von Büchern für staatsbürgerliche Belehrung nicht in Deutschland, sondern in den Vereinigten Staaten von Nordamerika gefunden, ein Land, das weit weniger durch zersplitterte Parteiverhältnisse und Klassenhaß sich zu einem solchen Unterricht veranlaßt sieht (wenigstens zur Zeit noch) als vielmehr aus dem Bestreben heraus, die Millionen, die allmählich in das Land „der Freiheit" einwandern, möglichst bald in loyale, vom guten demokratischen Geist erfüllte Staatsbürger umzuwandeln. Ich erwähne zunächst das für Schüler bestimmte Buch von Arthur William Dunn, „The Community and the Citizen", 1909 zum erstenmal herausgegeben durch den bekannten Verlag Heath & Co., Boston. Es ist für den Amerikaner selbstverständlich, daß die Aufgabe jeder öffentlichen Schule nicht, wie bei uns, die ist, einen geistigen oder manuellen Arbeiter zu erziehen oder einen „allgemein gebildeten" Menschen, sondern vor allem und in jeder Hinsicht einen guten Staatsbürger. „There is no other sanction for the existence of the public school. The entire course of study and the whole round of school life should be directed to this end." So erklärt Dunn in seinem Vorwort, wobei er genau das gleiche ausspricht, was ich in meiner Preisschrift und im „Begriff der staatsbürgerlichen Erziehung" mit anderen Worten gefordert hatte. Der große Wert dieses Buches liegt vor allem darin, daß es sorgfältig der Anweisung folgt, die John Dewey in seinem Buch „Ethical Principles Underlying Education" ausgesprochen hat: Staatsbürgerliche Erziehung ist nur äußerlich und scheinbar, wenn sie nicht die Fähigkeit entwickelt, zu beobachten, zu zergliedern und Schlüsse zu ziehen in bezug auf das, was mit einem gesellschaftlichen Zustand gemeint ist und was die mitwirkende Tätigkeit betrifft, durch welche dieser Zustand geändert werden kann. („Training for citizenship is formal and nominal unless it develops the power of observation, analysis and inference with respect to what makes up a social situation and the agencies through which it is modified.") Es liegt außerhalb der Möglichkeit der Betrachtung eingehender zu zeigen, wie in dem Buch dieses Prinzip der Beobachtung, der Zergliederung, Schlußfolgerung und Mitwirkung – das Prinzip unserer Arbeitsschule – in den einzelnen Teilen durchgeführt ist. Ich habe 1912, nachdem ich auf meiner Vortragsreise in Amerika mit dem Buch und seinem Autor bekannt geworden war, in einem Vortrag im Bayer. Landwirtschaftl. Klub (veröffentlicht in meinen „Grundfragen der Schulorganisation"

B. G. Teubner, Leipzig, 5. Aufl.) an einem sehr ausführlichen Beispiel die Methode zu schildern versucht.

Didaktisch ganz anders geartet ist das vom U. S. Department of Labor, also einer Amtsstelle in Washington, 1921 herausgegebene Federal Citizen Textbook. Ich gebe nur ein Bild vom dritten Teil, der vor allem für jene eingewanderten Jugendlichen und Erwachsenen bestimmt ist, die sich um die Naturalisation als amerikanischer Staatsbürger bewerben. Es ist für den Gebrauch in allen öffentlichen Schulen (nicht zuletzt den Abendschulen für die Erwachsenen) bestimmt. Nach einer Einleitung „The Americans Creed"[1]) von William Tyler Page enthält es 6 Lektionen über „The Declaration of Independence" vom 4. Juli 1776 und 24 Lektionen über „The Constitution of the United States" vom 17. Sept. 1787 mit den wesentlichen Amendements bis zum Jahr 1921. Der Verfassungserläuterung geht eine kurze Geschichte der nordamerikanischen Union voraus, die ganze drei Seiten umfaßt, und von der Entdeckung Amerikas 1492 bis zur Annahme der Verfassung 1789 reicht, wo George Washington der erste Präsident der Vereinigten Staaten wurde.

Die lapidare Einfachheit dieser Schrift für staatsbürgerliche Belehrung, die in einem ungewöhnlich großen Druck lediglich 104 Seiten umfaßt, sticht erheblich ab von den zahllosen alle mögliche Weisheit enzyklopädisch umfassenden deutschen Belehrungsbüchern. Während des Weltkrieges hat auch eine deutsche amtliche Stelle, das Kgl. Preuß. Landesgewerbeamt, ein zweibändiges Werk für die staatsbürgerliche Belehrung an Fach- und Fortbildungsschulen herausgegeben, dessen einzelne Abteilungen gewiß von trefflichen sachkundigen Autoren bearbeitet sind. Aber dieses zweibändige Werk umfaßte im Kleindruck 630 Seiten und bot eine solche Fülle von Wissenswertem, daß sie kaum mehr überboten werden könnte. Diese Anbetung des bloßen Kenntnisbesitzes, die schwerste Krankheit des deutschen Bildungswesens, – warum sollte sie nicht auch die staatsbürgerliche Belehrung befallen? Man steht erschreckt

1) Der Wortlaut dieses Bekenntnisses möge hier eine Stelle finden: „I believe in the United States of America as a government of the people, by the people, for the people; whose just powers are derived from the consent of the governed; a democracy in a republic; a sovereign Nation of many sovereign States; a perfect union, one and inseparable; established upon those principles of freedom, equality, justice and humanity for which American patriots sacrificed their lives and fortunes. I therefore believe it is my duty to my country to love it; to support its Constitution; to obey its laws, to respect its flag; to defend it against all enemies."

vor „Bürgerkunden", die den Volks- oder auch den Fortbildungsschüler um der staatsbürgerlichen Belehrung willen einzuführen versucht: in die theoretischen Grundlagen der Nationalökonomie, in die Fragen des Staatsrechts, des Urheberrechts, des Steuerrechts, in die Elemente des Bank- und Börsenwesens, in das See- und Flußschiffahrtsrecht, in die Elemente der Weltwirtschaft und wie alle diese wissenswerten Dinge heißen, und wie sie die Inhaltsverzeichnisse solcher Staatsbürgerkunden aufweisen.

III.

Sind wir so in den letzten 30 Jahren in bezug auf die staatsbürgerliche Belehrung noch nicht der Charybdis und Scylla entronnen, so glaube ich feststellen zu können, daß wir in bezug auf die staatsbürgerliche Erziehung, namentlich seit dem unglücklichen Ausgang des Weltkrieges uns auf einem erfolgreicheren und jedenfalls sicherern Weg befinden, wenn auch nur in den ersten Anfängen. Das aber ist wichtiger als isolierte staatsbürgerliche Belehrung, die doch nur dann Früchte tragen kann, wenn ihr Samen auf den durch staatsbürgerliche Erziehung aufgelockerten Boden fällt.

Staatsbürgerliche Erziehung, so sahen wir, ist identisch mit Erziehung zur Staatsgesinnung. Staatsgesinnung ist aber eine Art Gemeinschaftsgesinnung, eine Gesinnung, in und an der Volksgemeinschaft direkt oder indirekt mitzuarbeiten, auf daß sie sich immer mehr versittliche und diese Versittlichung immer mehr, nicht nur in dem geschriebenen Rechtssystem, das wir Staat nennen können, zum Ausdruck komme, sondern auch in der praktischen Durchführung desselben. Wir sahen, daß Gemeinsinn und Brüderlichkeit Grundzüge dieser Gemeinschaftsgesinnung sind, und an anderer Stelle habe ich ausgeführt, daß moralischer Mut, selbstloses Wohlwollen und Verantwortlichkeitsbewußtsein die Kardinaltugenden des Staatsbürgers sind.

Alle diese Eigenschaften wachsen nur auf dem Boden eines gemeinsamen sozialen Lebens. Solange unsere Bildungsanstalten nicht Schulen gemeinsam sozialen Lebens werden, oder wenigstens ein solches Leben im Rahmen ihrer Organisation pflegen, werden wir sie ganz vergeblich als Anstalten zur staatsbürgerlichen Erziehung beanspruchen können.

Wenn die Schule im Interesse der staatsbürgerlichen Erziehung, sei es ganz, sei es nur in einem Teil, ein Abbild des sozialen Lebens sein soll, so muß sie irgendwie die Schüler in sittliche Arbeitsgemeinschaften vereinigen. Wenn weiterhin diese Arbeitsgemeinschaften in unserem

Sinne fruchtbare Erziehungsarbeit leisten sollen, so müssen sie im wesentlichen freie und freiwillige Arbeitsgemeinschaften sein, die sich innerhalb der jeweiligen sittlichen Reife selbst regieren und vor allem für die sittliche Zucht der Kameraden und für die Ehre der Anstalt eintreten. Das sind aber Gedanken, die um die Wende des Jahrhunderts dem deutschen Schulwesen noch sehr ferne lagen.

Wer diese Gedanken nun gerade am Beginn des Jahrhunderts zuerst grundsätzlich aufgegriffen hat, das war der Gründer der Landerziehungsheime in Deutschland, Dr. Hermann Lietz. Er hatte ihre Durchführung in England bei Cecil Reddie in Abbotsholme kennen gelernt. Zu Ostern 1898 gründete er das erste deutsche Heim in Ilsenburg a. Harz, drei Jahre darauf die zweite Anstalt in Haubinda bei Hildburghausen und abermals nach drei weiteren Jahren die dritte Anstalt zu Bieberstein bei Fulda. Jeder Altersgruppe sicherte er so die ihr zuträgliche Lebensgemeinschaft. Von diesen Gründungen aus verbreiteten sich die Landerziehungsheime über Deutschland, Österreich und die Schweiz. Man darf heute in Deutschland allein etwa deren 20 zählen. Sie waren und sind auch heute nicht von einem ausgesprochenen Gesichtspunkt staatsbürgerlicher Erziehung heraus gestaltet; wohl aber sind, wie der Nachfolger Lietzens, Alfred Andreesen, im Vorwort des Sammelwerkes „Das Landerziehungsheim" (herausgegeben vom Zentral-Institut für Erziehung und Unterricht 1926, Quelle & Meyer) hervorhebt, ihre Bildungsideale untrennbar verknüpft mit der Gestaltung eines Gemeinschaftslebens, dem Entstehen und Wachsen einer „Lebensgemeinschaft". Was aber ist der Staat anderes als die gesetzliche Verfassung einer Lebensgemeinschaft, und was könnte der staatsbürgerlichen Erziehung in unserem Sinne, auch ohne daß sie so genannt wird, nützlicher sein als die Erziehung in einer solchen Lebensgemeinschaft und durch sie? Unsere öffentlichen Schulen in Deutschland, die nun fast ausnahmslos Staatsschulen geworden sind, sind Kinder der Aufklärung. Was ihnen grundsätzlich fehlt, ist der Geist eines sittlichen, gemeinsamen Lebens. Das ist um so verhängnisvoller, als zweifellos die alten Gemeinschaftsformen, die Familie, die Siedelungsgemeinschaft, die Gilden, ja selbst religiöse Gesinnungsgemeinschaften, wenn nicht in Auflösung begriffen sind, so doch sich ganz bedenklich lockern. Man soll daher nicht erklären, daß es nicht Aufgabe der Schule sei zu erziehen, oder daß sie überhaupt nicht imstande sei, die erziehliche Wirkung solcher Gemeinschaften auszuüben oder sie in ihren Erziehungskräften zu ersetzen. Unsere Riesentagesschulen mit tausend und mehr Schülern können das freilich nicht. Aber es fragt sich doch, ob die Volksgemeinschaft nicht sich darauf besinnen sollte, ihre Schulen auch zu Vorbereitungsanstalten für das soziale Leben werden zu lassen. Die Landerziehungsheime, die zusammen kaum mehr als 3000 Schüler umfassen, genügen nicht, schon deshalb nicht, weil von ihren Erziehungskräften die Kinder mittelloser Eltern, abgesehen von einer geringen Zahl von Freischülern, ausgeschlossen sind. Aber Hunderttausende von kleinen Landschulen könnten sich zu einem wirklichen Gemeinschaftsleben ausgestalten, und damit komme ich zu einer zweiten freilich noch selteneren Entwicklungserscheinung der letzten 30 Jahre, welche der staatsbürgerlichen Erziehung in hohem Maße dienstbar sein könnte, wenn wir nur die nötige Zahl von geeigneten Lehrern dazu hätten.

Im Herbst des Jahres 1927 ging mir ein kleines Büchlein zu: „Erziehung zum Gemeinschaftsgeiste und zu staatsbürgerlicher Gesinnung" (Verlag Holland und Josenhans, Stuttgart). Der Verfasser ist der Volksschulrektor Wilhelm Maute, der zwölf Jahre als Volksschullehrer an einer einklassigen Landgemeindeschule in rein bäuerlicher Gegend bis zum Jahre 1924 tätig war. Er hatte erkannt, daß die Bauernfamilie im allgemeinen keine rechte Lebensgemeinschaft darstellt, auch wenn sie sehr fleißig zusammen arbeitet (a. a. O. S. 14); auch von der Siedlungsgemeinschaft, dem Dorfe, erkannte er, daß es ihr an wahrer Gemeinschaftsgesinnung fehlt. So begann er seine Schulkinder selbst zu einer Lebensgemeinschaft zusammenzuführen, in ihnen Gemeinschaftsgeist als Grundgesinnung zu schaffen. Er ging den Weg, den ich oft und oft empfohlen habe, den Weg der Arbeitsgemeinschaft.

Mit seinen Dorfkindern betrieb er die Bewirtschaftung eines Versuchsfeldes, pflegte kleine freie Plätze im Dorfe, setzte mit ihnen in freien Stunden den Kirchhof instand, säuberte die Wege, entfernte die Brennnesseln und wilden Gestrüppe, sorgte mit den Kindern, daß verlassene Gräber sich mit Efeu überrankten, indem er ihnen die Mahnung gab: „Denkt an die Ehre eures Heimatdorfes und daran, daß ihr fast alle später einmal auch da schlafen werdet." Auf seine Veranlassung schenkte die Gemeindeverwaltung in jedem Frühjahr jedem Konfirmanden aus Gemeindemitteln ein Obstbäumchen zur Pflege, die gemeinsam mit dem Gemeindebaumwart und dem Lehrer gepflanzt wurden. Noch vor seinem Weggange plante er, seiner Schule eine große Erziehungsaufgabe zu stellen, nämlich in jedem Jahre ein kleines Stück Feldweg fachgemäß unter Anleitung des Fron- und Wegemeisters auszubessern. Weihnachtsfeiern, Frühlingsfeiern, Schulentlassungsfeiern, Elternabende blieben nicht bloß eine Angelegenheit der Schule, sondern fanden stets unter Teilnahme des ganzen Dorfes statt. Selbst die Schulprüfung wurde zum Gemeindefest. Er legte eine Schülerkasse an mit freiwilligen Einlagen und gemeinsam bestimmten Ausgaben für Schulzwecke, Feste, Unterstützungen usw. Ihr Verwalter war nicht der Lehrer, sondern zwei Vertrauensleute der Schule. Diese Vertrauensleute, die auch noch andere Ämter hatten, wurden jedes Frühjahr von den Kindern der Schule neu gewählt und dann vor der ganzen Schule vom Lehrer mit der einfachen Formel verpflichtet: „Wollt ihr das recht erfüllen, was ich euch gesagt habe und was alle eure Kameraden von euch erwarten, so gebt mir die Hand!" Der Lehrer versichert, daß in den ganzen 12 Jahren diese Verpflichtung auch kein einziges Mal etwa nur eine Komödie oder ein Schauspiel gewesen sei.

Ich weiß nicht, wie oft in deutschen Landschulen diese Erscheinung heute bereits sich wiederholt. Ich weiß nur, daß sie ein Entwicklungsprodukt der letzten 30 Jahre ist und daß sie, wie der Autor mir versicherte, ein Ergebnis unserer Bemühungen um die rechte staatsbürgerliche Erziehung ist, wie ich sie wiederholt in meinen Schriften in Theorie und Beispiel geschildert habe. Doch glaube ich ganz gewiß annehmen zu dürfen, daß sie nicht eine gänzlich vereinzelte Erscheinung ist. Vielleicht würden wir sie sogar sehr viel öfter feststellen können, wenn unsere Schulbehörden mehr Verständnis für solche Versuche hätten und wenigstens in solchen Fällen weniger von dem sonst recht verständlichen Gefühl der Verantwortlichkeit für die Durchführung der amtlichen Lehrpläne geplagt würden. In großen Städten hat übrigens zweifellos noch aus der Kriegszeit her auch die Gartenbewegung der Arbeitsschule neue Wege für staatsbürgerliche Erziehung eröffnet oder wenigstens für die Erziehung zum Gemeinsinn. Die Arbeitsschulgärten in München des Rektors Freitag, in Düsseldorf des Rektors Steinmeyer, die von der Schule gepflegt wurden und deren Erträgnisse den Angehörigen der Schule zugute kamen, habe ich persönlich kennen gelernt. Es wird mir berichtet, daß auch in Berlin-Neukölln und Berlin-Wilmersdorf solche Arbeitsschulgärten im Betrieb einzelner Schulen sind, und es ist zu vermuten, daß die Bewegung auch in andern Städten Deutschlands Fuß gefaßt hat.

Ein ganz unerwarteter Bundesgenosse für die staatsbürgerliche Erziehung erwuchs nun aber aus der Landheimbewegung. Als ihren Vater darf man den Leiter der Viktoriaschule in Frankfurt a. M. betrachten, den Oberstudiendirektor Dr. Ferdinand Reinhold. Das ursprüngliche Motiv war, den großen Segen der von den Schülerinnen seiner Anstalt geleisteten landwirtschaftlichen Arbeit während des Krieges auch für die Zukunft der Schule zu erhalten. Fern von der Stadt sollte in einem eigenen Heim jede der oberen vier Klassen und der Frauenschulklassen drei bis vier Wochen zubringen, unter der Führung einer Land- und Hauswirtschaftslehrerin einen Acker und Garten bestellen, während zwei weitere Lehrkräfte jeden Tag zwei bis drei Stunden Unterricht erteilten. Aber schon in dem Plan, welcher der oberen Schulbehörde vorgelegt wurde, kam zum Ausdruck, daß für den Ausfall an Belehrung hinreichender Ersatz geboten wäre in der Pflege des Gemeinschaftslebens der Mädchen untereinander und mit ihren Lehrerinnen und in der Entwicklung sozialer Gesinnung. Nach anfänglichen Bedenken des Provinzialschulkollegiums in Cassel (natürlich Lehrplan-Bedenken) erfolgte im Jahre 1920 die Genehmigung. Alsbald folgte im Mai 1920 der allbekannte Schulmann, Geheimrat Dr. Max Walter, mit einem gleichen Landschulheim für sein Reformgymnasium in Frankfurt, und kaum ein Jahr darauf wies der preußische Unterrichtsminister in einem an sämtliche Provinzialschulkollegien gerichteten Schulerlaß die Provinzialbehörden auf das von beiden Frankfurter Schulen gegebene Beispiel hin, bezeichnete sie als bahnbrechend und sprach die Erwartung aus, daß auch an anderen Orten bald ähnliche Einrichtungen geschaffen würden. Es folgte eine ungeahnte Entwicklung, ein Zeichen, daß die Idee einen empfänglichen Boden vorfand, der nicht erst mühsam bearbeitet werden mußte. Überall hat sie Fuß gefaßt – außer im vorsichtigen Bayern. Die zwei Heime vom Jahre 1920 sind in den acht Jahren auf etwa 140 angewachsen, von denen allein 40 auf Hamburg treffen.

Diese Schullandheime sind nun entweder Einzelheime, d. i. Heime für eine ganz bestimmte Schule, wie die beiden zuerst gegründeten, oder Sammelheime, die von allen Schulen einer ganzen Stadt benützt werden. Von solchen Sammelheimen sind insbesondere vier bemerkenswert: das Kinderdorf Wegscheide bei Orb im Spessart für monatlich 1200 Schulkinder von Frankfurt a. M., das Kinderdorf Staumühle zwischen Bielefeld und Paderborn für die Jugend des Ruhrkohlengebiets und endlich die beiden Landheime auf der Insel Sylt, deren eines der Stadt Hamburg, deren anderes dem Wandervogel gehört. Alle vier Kinderdörfer waren alte Barackenlager aus dem Kriege. Es kann nicht meine Aufgabe sein, hier den Segen dieser Schullandheime für die staatsbürgerliche Erziehung auseinanderzusetzen. Er liegt auf der Hand. Es ist aber noch weniger meine Aufgabe, darauf aufmerksam zu machen, daß diese Schullandheimbewegung noch manche und vielleicht auch schwere Krisen durchzumachen haben wird. Ein gut geführtes Schullandheim hat nicht bloß bisweilen schwere wirtschaftliche Sorgen zu tragen, wenn nicht die Stadtverwaltung oder gar der Staat sie teilen, es ist vor allem auch auf außerordentlich opferbereite Lehrer angewiesen. Während die Landerziehungsheime sich Schüler und Lehrer auswählen, untaugliche Lehrer wie unerziehbare Schüler abstoßen können, müssen die Schullandheime jeden Lehrer der Schule in ihren Dienst stellen und auch die schlimmsten Fälle häuslicher Vernachlässigung in ihren Kreis aufnehmen, um diese Jungen bereits nach vier Wochen wieder der alten trostlosen Erziehungsnot preiszugeben. Gleichwohl muß die Schullandheimbewegung als ein Fortschritt in der sozialen Erziehung betrachtet und damit auch für die Entwicklung der staatsbürgerlichen Erziehung gewertet werden. Es wird die große Sorge des im Oktober 1925 gegründeten „Reichsbundes deutscher Schullandheime" sein, in dieser Bewegung neben dem hygienischen Gesichtspunkt vor allem den sozialen zu betonen und weniger für rasche Ausbreitung als für sorgfältige Vertiefung des Gedankens bemüht zu sein. Vielleicht könnte hier manches andere zur Entwicklung kommen, was an gesunden Gedanken in den Plänen der entschiedenen Schulreformer steckt.

Vor allem scheint mir möglich zu hoffen, daß aus dieser Schullandheimbewegung eine Generation sich entwickelt, die dem Problem der Selbstregierung und Selbstverwaltung in den Grenzen des Vernünftigen gewachsen ist. Dieses in England und den Vereinigten Staaten weit verbreitete Mittel staatsbürgerlicher Erziehung hat trotz aller Hinweise und trotz vereinzelter Versuche in Deutschland außerhalb der Landerziehungsheime und der Schullandheime noch viel zu wenig Beachtung gefunden. Freilich läßt sich das System der Selbstregierung nicht behördlich anordnen. In Bayern hat im Jahre 1919 der damalige Unterrichtsminister Hofmann geglaubt, durch Ministerialentschließung es an allen höheren Schulen Bayerns einführen zu können. Der Versuch ist jämmerlich mißglückt, wie ich ihm vorausgesagt hatte. Ich habe in meinem

Buch „Begriff der staatsbürgerlichen Erziehung" und auf dem Internationalen Moral-Kongreß in Genf die Bedingungen entwickelt, unter denen gewisse Aufgaben der Schule, vor allem die sittliche Zucht, der Selbstregierung durch die Schüler unterstellt werden können. Daß sie auch bei uns an Tagesschulen und nicht bloß an Internaten mit großem Erfolge durchgeführt werden kann, das habe ich im Anhang meines Buches „Autorität und Freiheit" (Verlag Gottfr. Martin, Itzehoe) in einem, wie ich glaube, überzeugenden Beispiel aus der Wirklichkeit geschildert. Es gibt übrigens heute bereits eine Anzahl solcher Beispiele an den höheren Schulen Norddeutschlands.

In den großen Städten ist die Riesenhaftigkeit der Schulkörper, der Mangel an Spiel- und Sportplätzen, an Werkstätten und sonstigen Einrichtungen für die einzelne Schule, nicht zuletzt die gegenseitige Fremdheit der Schüler wie der Lehrer untereinander ein nahezu unübersteigbares Hindernis. Aber alles das gilt nicht für die kleinen Städte und für das Land. Dort hängt die Durchführung fast immer nur vom Geist der Lehrerschaft ab. Gäbe es mehr Lehrer von der Art wie der vorhin geschilderte, so wäre diese Angelegenheit an diesen Landorten längst keine Frage mehr. Ganz besonders war mir schon vor 30 Jahren die Ausgestaltung der Berufsschulen nach sich selbst regierenden Arbeitsgemeinschaften am Herzen gelegen. Allein einesteils war die Zeit noch nicht reif dafür, und andernteils sind diese Berufsschulen infolge ihrer zur Zeit noch sehr geringen wöchentlichen Unterrichtszeit keine geeigneten Anstalten für Selbstregierung. Lediglich die bereits erwähnten Arbeitsgemeinschaften könnten hier stärker in die Erscheinung treten. Sobald unsere Berufsschulen für die werktätige Jugend in der Ausgestaltung, die ich vor 30 Jahren in München gerade im Hinblick auf das, was ich staatsbürgerliche Erziehung nenne, durchgeführt habe, mit einem erheblich größeren wöchentlichen Stundenausmaß ihre Erziehungsaufgaben lösen können (wie das heute bereits im Staate Wisconsin geschieht), werden sie einen fruchtbaren Boden abgeben für die soziale Erziehung des größten Teiles Jugendlicher in Deutschland. Damit wird dann auch der Boden bereitet, auf dem die staatsbürgerliche Erziehung gedeihen kann. Hier auf dem Felde praktischer gelernter Arbeit in wohl eingerichteten Schülerwerkstätten lassen sich Schüler, Lehrer, Gesellen, Meister, Eltern wie sonst kaum anderswo zu einer wahren Gemeinschaft, d. h. zu einer Werk- und Wertgemeinschaft, verbinden.

Betrachtet man alle die erwähnten Erscheinungen, so sieht man, daß die Entwicklung des Schulwesens in den letzten 30 Jahren eine Richtung angenommen hat, die zwar nicht unmittelbar staatsbürgerliche Erziehung bedeutet, die aber eine unerläßliche Grundlage hierfür ist. Die Schule marschiert in der Richtung zur Schule der Gemeinschaft, und zwar auf dem Wege der Arbeit in, für und durch die Gemeinschaft. Das vielgestaltige soziale Leben dringt damit in die Schule ein, und zwar keineswegs in zügelloser Ungebundenheit, sondern unter der Führung einer in mancher Hinsicht gewandelten pädagogischen Erkenntnis. Freilich, daß auch dieser Bewegung erhebliche Gefahren drohen und welcher Art sie sein werden, das brauchen wir nicht erst auszudenken. Das kann man schon da und dort mit den Händen greifen. Noch ist das meiste im Stadium des Versuchs, und je begeisterter die Experimentatoren sind, desto mehr sind sie auch auf pädagogischem Gebiet dem Irrtum ausgesetzt. Aber man lasse doch die Menschen irren, solange die Idee, die sie in ihrer Begeisterung verwirklichen wollen, eine sittliche ist und solange sie selbst sittliche Menschen sind, d. h. Menschen, denen die Selbstprüfung ihres Werkes in Hinsicht auf die Verwirklichung der pädagogischen Idee zur anderen Natur geworden ist. Was wir von den pädagogischen Schrittmachern verlangen müssen, ist dreierlei: Einsicht in das wahre Wesen der Bildung, der allgemeinen wie der staatsbürgerlichen, unwiderstehlicher Drang nach Wahrhaftigkeit und stärkstes Verantwortlichkeitsgefühl. In der „Jugendbewegung", dem „Wandervogel", den „Pfadfindern", der „Freischar" etc. etc., die alle eine Frucht der letzten 30 Jahre sind, wachsen solche Menschen. Nicht wenige davon hat der pädagogische Eros in das Lehramt geführt, wo sie nicht selten die Träger des gemeinschaftsbildenden Erziehungsgedankens werden.

Ob und wie sich dann aber die Staatsgesinnung aus einem so beackerten Boden entwickelt, gewiß nicht ohne besondere Belehrung, das hängt nicht zuletzt auch davon ab, wie der Staat und seine Organe selbst beschaffen sind. Es ist verhältnismäßig leicht, Vaterlandsliebe zu entzünden, es ist auch leicht, nationale Begeisterung zu erwecken, es ist wiederum leicht (die nötige Intelligenz vorausgesetzt!) politische Bildung zu verbreiten, – aber die Idee des Staates, d. h. die Idee der Gerechtigkeit, zur Grundlage unseres Handelns in der Gemeinschaft zu machen – und das allein bedeutet Staatsgesinnung –, ist unendlich viel schwerer. Die Schule allein wird diese Aufgabe nie restlos lösen können.

DIE NEUEREN FREMDSPRACHEN

VON

HANS EHLERS

In der Entwicklung des deutschen Bildungswesens begann der neusprachliche Unterricht erst sehr spät eine gewisse Rolle zu spielen. Dementsprechend waren neuphilologische Bücher in der Teubnerschen Verlagserzeugung der ersten 75 Jahre kaum vertreten. Erst als in den 80er Jahren des vorigen Jahrhunderts die neusprachliche Reform einsetzte und dem Unterricht der lebenden Fremdsprachen eine starke Förderung verlieh, stellte sich auch der Teubnersche Verlag in den Dienst der neuen Bewegung. Besonders seit 1892, wo Dr. Giesecke die Leitung des philologischen Verlags übernahm, wurde die einmal angeknüpfte Verbindung mit der Neuphilologie eine von Jahr zu Jahr engere.

Hier soll nicht wiederholt werden, was in der Jahrhundertfestschrift des Verlages über den Ausbau der neusprachlichen Abteilung dargelegt wurde. Es dürfte aber interessieren, wie das Oberhaupt der Firma, obwohl Altphilologe von Fach, den Stempel seiner Persönlichkeit auch den Bemühungen seiner neuphilologischen Redaktionsmitglieder aufzuprägen wußte. Wenn einer unter ihnen an dieser Stelle das Wort erhält, so ist das wohl schon deshalb gerechtfertigt, weil sich Dr. Giesecke auf diesem Gebiet seit längerem durch seine wissenschaftlichen Mitarbeiter nach außen hin vertreten läßt. Nur sie können darum letzten Endes wissen, was nach seinem Willen und in seinem Geiste getan wurde, und es entspricht wohl ihrer einfachen Dankespflicht, bei diesem besonderen Anlaß dafür Zeugnis abzulegen, in welchem Maße der Jubilar auch die Arbeit der neuphilologischen Redaktion von B. G. Teubner anregte und beeinflußte.

Die Verfasser einiger voraufgehender Beiträge wiesen bereits darauf hin, wie Dr. Giesecke miterlebend und mitratend das Entstehen großer Unterrichtswerke von Anfang bis Ende hingebungsvoll betreute. Nicht minder groß war seine Einwirkung auf die umfangreichen neusprachlichen Werke des Verlages. Bereits vor dem Kriege erkannte er, daß die damals an sich erfolgreichen Lehrbücher von Boerner und Thiergen trotz ihrer Popularität dem neusprachlichen Unterricht nicht mehr die Dienste leisten konnten, die ein in modernem Geist geschulter Lehrer von seinem Arbeitsinstrument erwarten mußte. Während andere Verleger ihre gleichartigen und zur selben Zeit entstandenen französischen und englischen Lehrbücher vielfach in unveränderten Auflagen weiter drucken ließen, setzte sich der philologische Leiter von B. G. Teubner mit allem Nachdruck dafür ein, daß die Ergebnisse psychologisch orientierter Grammatikforschung und neue Erkenntnisse der Methodik dem Klassenunterricht in Form praktischer Lehrbücher nutzbar gemacht wurden.

Dank der ihm damals von Herrn Geheimrat Engwer erteilten Ratschläge kam 1913 die Verbindung mit den Brüdern Strohmeyer zustande. Die ideelle Bedeutung der Strohmeyerschen „Grammatik" für die innere Weiterentwicklung des grammatischen Lehrbetriebs unserer höheren Lehranstalten zu kennzeichnen, ist hier nicht der Ort. Der spätere Geschichtschreiber einer neusprachlichen Unterrichtslehre des 20. Jahrhunderts wird jedenfalls der Pioniertätigkeit der Brüder Strohmeyer gedenken und die Vorzüge und Fehler ihrer Arbeit gerechter gegeneinander abwägen, als es einer Philologengeneration möglich zu sein scheint, deren grammatische Anschauungen zum größten Teil noch in einer entgegengesetzten Überlieferung wurzeln.

Das Strohmeyersche Unterrichtswerk ist aber nicht nur in grammatischer Hinsicht als bahnbrechend anzusehen; bald nach dem Kriege wurde auch erstmalig in den Strohmeyerschen Mittel- und Oberstufenbänden eine Lesestoffauswahl nach kulturkundlichen Gesichtspunkten durchgeführt. Hierbei war wiederum Dr. Giesecke die treibende Kraft. Die gleichen Ideen, die ihn bereits vor dem Kriege der Herausgabe eines grundlegend geänderten deutschen Lesebuchwerkes und der Veranstaltung vollständig neuer Geschichtsbücher nähertreten ließen, lagen offenbar seinen kritischen Ansichten über den Wert der im fremdsprachlichen Unterricht bisher getriebenen Kulturstudien zugrunde. Hatte der klassische Philologe aus geschichtlichen Gründen von vornherein für die Forderung der neusprachlichen Reformbewegung, daß der Sprachunterricht auch in die Kultur des fremden Volkes einführen müsse, ein lebhaftes Verständnis gehabt, so empfand er naturgemäß umso stärker, wie die im Französischen und Englischen entwickelte Auslandsbildung in positivistisch-materialistischem Sinne veräußerlicht worden war. So stand Dr. Giesecke den Anregungen seines Freundes Hugo Gaudig besonders empfänglich gegenüber, als dieser zu einer Neubearbeitung der Strohmeyerschen Mittelklassenbände riet. Trotz der Schwierigkeiten, die sich der Auswahl wirklich kulturkundlicher Lesestoffe entgegenstellten, spornte er seine neusprachlichen Mitarbeiter immer wieder zu neuen Versuchen und Bemühungen an, zu einer Zeit, als durch E. Schön und W. Hübner noch nicht Sinn und Form der Kulturkunde theoretisch umrissen waren und als ihr in den modernen Fremdsprachen amtlich noch keine zentrale Stellung zugewiesen war.

Seit der von Professor Spranger verfaßten Denkschrift über nationale Auslandbildung, besonders aber seit der H. Borbeinschen Arbeit „Auslandstudien und neusprachlicher Unterricht im Lichte des Weltkrieges" beschäftigten sich vorwärtsstrebende Neuphilologen zweifellos immer mit dem Problem, wie nationale Auslandbildung im Unterricht am besten verwirklicht werden könne. Aber über ein Tasten und Erproben mangels eines festen geisteswissenschaftlich und philosophisch fundierten Untergrundes kam man des längeren nicht hinaus. Planvoll und bewußt wurde die Abwendung von der bis dahin und heute noch mit Kulturkunde oft verwechselten Realienkunde erstmalig erstrebt in dem von den Hamburger Studienräten Dr. Fröhlich und Dr. Schön für das Strohmeyersche Unterrichtswerk zusammengestellten „Lesebuch zur Einführung in die Kultur Frankreichs" (1924). Kurze Zeit darauf veröffentlichte Eduard Schön dann seine für neusprachliche Kulturkunde bedeutsam gewordene Schrift „Sinn und Form einer Kulturkunde im französischen Unterricht", die zugleich rechtfertigte, in welchem Geiste und nach welchen Richtlinien (Kulturkunde ein Bildungsprinzip, kein neues Stoffgebiet!) jenes erste Kulturlesebuch gearbeitet worden war.

Seit den Jahren, in die das Entstehen jener beiden Bücher fiel, hat die Kulturkunde in den neueren Sprachen in theoretischer und praktischer Beziehung mannigfache Wandlungen durchgemacht; das damals Neue ist jetzt fast selbstverständlich geworden. Nachdem sich der Verlag einmal aus Überzeugung in den Dienst der kulturkundlichen Bewegung gestellt, hat er ihr weiterhin die Treue gehalten. Manches wissenschaftliche und methodische Werk, manches Lehr- und Lesebuch auf dem Gebiete des Französischen, Englischen und Spanischen ist inzwischen verlegt worden und hat die Zustimmung der Fachkreise gefunden.

Auf die Arbeit Dr. Gieseckes und seiner Redaktionsmitglieder haben naturgemäß die preußischen „Richtlinien" außerordentlich anregend und befruchtend eingewirkt, und es soll nicht verkannt werden, daß ohne diese Reformpläne manche Publikation auch auf neuphilologischem Gebiet zum Scheitern verurteilt gewesen wäre. Wenn sich andererseits die verschiedenen Teubnerschen Redaktionen so schnell auf die Intentionen der Richertschen Neuordnung einstellen konnten und in den kulturkundlichen Fächern mit neuen, den Richtlinien entsprechenden Unterrichtswerken fast stets als erste mit auf dem Plan waren, so wird das nur dadurch verständlich, daß sich das Oberhaupt des Verlages zu vielen Grundgedanken der preußischen Schulreform schon zu einer Zeit innerlich bekannt hatte, als die Reformbedürftigkeit unseres höheren Bildungswesens allgemein noch gar nicht zum Bewußtsein gekommen war. Ein Mann, der im Sinne des deutschen Idealismus stets einer harmonischen Ausbildung seiner Gesamtpersönlichkeit zustrebt und wie Goethes Wilhelm Meister von Natur aus wohl auch eine unwiderstehliche Neigung dazu hat, alle seine Anlagen in dieser Richtung zu entwickeln, mußte einer Bildungsreform zustimmen, die auf Wiederherstellung der für die höhere Schule unerläßlichen Einheit des in der Mannigfaltigkeit der einzelnen Geisteswissenschaften beschlossenen Kulturinhalts abzielt. Was die preußische Reform mit dem Begriff der „Konzentration" umfaßt und verwirklicht sehen will, wobei die „Arbeitsgemeinschaft der Lehrer" eine so große Rolle spielt, das hat der philologische Leiter von B. G. Teubner in seinem Arbeitsbereich bewußt oder unbewußt in der Grundidee stets angestrebt. Die jungen Philologen, die bei Dr. Giesecke nicht nur auf verlegerischem, sondern auf jedem Gebiete in die Lehre gegangen sind, haben vom ersten Tage ihrer Verlagstätigkeit an nur eine auf engster Zusammenarbeit beruhende Arbeitsteilung der verschiedenen Redaktionsstellen kennengelernt.

Aber nicht nur die Idee der Konzentration, die zwischen den bisher auseinanderstrebenden kulturkundlichen Einzelfächern Verbindungsbrücken mit dem Ziele der Bildungseinheit schlagen soll, war den Teubnerschen wissenschaftlichen Mitarbeitern schon längst vor Erscheinen der preußischen Denkschrift – wenn auch in anderer Projektion – geläufig, sondern vor allem die der Forderung des „Arbeitsunterrichts" zugrunde liegenden Erfahrungen und Gedankengänge hatten sie als zutreffend am eigenen Leibe kennen gelernt. Zu Gewissenhaftigkeit im Kleinen und Kleinsten, zu Pflichterfüllung und Arbeitstreue hatten uns Schule und Universität erzogen, das Sicheinfügenkönnen und den Umgang mit Menschen hatte man in $4\frac{1}{2}$ Kriegsjahren beim Militär gelernt, an der Front war man auch daran gewöhnt worden, Träger einer begrenzten Verantwortung zu sein: aber in einer Hinsicht schien die voraufgegangene Ausbildung und Erziehung nicht zu genügen. Wir sollten hier plötzlich auch in Angelegenheiten selbständig urteilen und handeln, in denen nach unserer bisherigen Begriffswelt nur eine höhere, wenn nicht die höchste Instanz hätte entscheiden dürfen. In unserem neuen Wirkungskreis befaßte sich zwar diese höchste Stelle durchaus ernsthaft mit der betreffenden Frage, gab in technischer Hinsicht die nötigen Ratschläge, aber auf dem Gebiete, auf dem man angeblich Fachmann sein sollte und wollte, mußte man selbstverantwortlich vorgehen. Ein Problem, für dessen Lösung man bestimmte Vorschläge ausgearbeitet hatte, um sich dann gewohnheitsgemäß deren Richtigkeit und Anwendbarkeit sanktionieren lassen zu wollen, nahm in dem Augenblick, wo man für die praktischen Auswirkungen seiner Ratschläge einstehen sollte, eine ganz neue Form an. Meistens sah man sich veranlaßt, das ganze Material nochmals gründlichst durchzugehen, um die Last der Selbstverantwortung leichter tragen zu können. Die Arbeit verdoppelte sich dabei, die Willenskraft, sie bewältigen zu können, vervielfachte sich aber auch. Jedenfalls wurde man zu einer ganz anderen Einstellung seiner Arbeit gegenüber gezwungen, und es ist darum wohl nicht weiter verwunderlich, wenn man sich zu den preußischen „Richtlinien" gleich nach ihrem Bekanntwerden in einem sehr nahen inneren Verhältnis fühlte. In ihren allgemeinen Vorbemerkungen hieß es zur Kennzeichnung des „Arbeitsunterrichts" wörtlich: „Er fordert vom Lehrer, daß er stets prüft, welche Kräfte des Zöglings in der Schularbeit entwickelt und gesteigert werden können, insbesondere Selbständigkeit des Urteils, Gemüt, Phantasie und Wille." Daß diese Kräfte zu unserer Schulzeit von unseren Lehrern nicht vollständig geweckt worden waren, daß die „Spannung zwischen dem Erwerb sicheren Wissens und dem Erwerb der Fähigkeit selbständigen Arbeitens" nicht in dem vom Arbeitsunterricht postulierten Sinne überbrückt worden war, das hatten wir zwar in der Zusammenarbeit mit unserem neuen Meister und Lehrer oft genug gespürt. Aber worauf unser anfängliches Versagen in der Schule Dr. Gieseckes eigentlich zurückzuführen war, das wurde uns so recht erst durch die Darlegungen Richerts bewußt. Was das preußische Ministerium als notwendige Reformmaßnahme bezeichnete, wäre uns bei weiterem Verbleiben im Schuldienst vielleicht auch als überspannte Forderung oder als angeblich schon erreichtes Ziel erschienen. Die harte Wirklichkeit im Leben außerhalb der Schulstube machte uns aber ungewollt zu überzeugten Anhängern der Grundgedanken der preußischen Neuordnung.

Diese letzten Betrachtungen scheinen mit dem gestellten Thema nichts mehr zu tun zu haben, aber dennoch haben sie hier ihre Berechtigung. Denn derjenige, dem diese Beiträge gewidmet sind, hat für die Förderung des neuphilologischen Verlagszweiges von B. G. Teubner am meisten dadurch getan, daß er seine Zöglinge aus ihrer fachwissenschaftlichen Geistesenge heraushob, sie zu selbständiger Urteils- und Willensbildung erzog und sie dadurch befähigte, ihre verlegerischen Bemühungen auf dem Gebiete der modernen Fremdsprachen in enge Berührung mit den allgemeinen Strömungen und Tendenzen auf dem Gebiet der Geisteswissenschaften und der Pädagogik zu bringen. Selbst wenn dieser Ausgang als Abschweifung empfunden werden sollte, so dürfte man es aber doch begreiflich finden, daß der Schreiber dieser Zeilen viel lieber, statt des Jubilars Stellung zur Neuphilologie kurz zu kennzeichnen, ihm als Mensch und Oberhaupt der Firma Teubner ein Denkmal hätte setzen mögen.

Wenn zwei Menschen sieben Jahre lang Zimmer an Zimmer miteinander arbeiten, so kann die Erkenntnis der geistigen Gemeinsamkeiten und Gegensätze und damit die gegenseitige Wertung auch dann nicht ausbleiben, wenn der eine der Obere und Ältere, der andere der Untere und weitaus Jüngere ist, wenn jener leitet, rät und schützt und dieser nur in gleichem Geiste hilft und dient. Soll auf geistigem Gebiet eine wirkliche Arbeitsgemeinschaft Bestand haben, in der sich der Untere als mitverantwortlich fühlen kann, so muß er auch bei einer gewissen Polarität der Anschauungen und Temperamente in jenem ein Ideal erblicken können, dem nachzueifern ein Gebot der Selbsterkenntnis ist. Worin der Jüngere das Ideal sieht, das sei wenigstens noch mit den folgenden Sätzen Goethes aus dem Westöstlichen Divan angedeutet: „Nicht die Talente, nicht das Geschick zu diesem und jenem machen eigentlich den Mann der Tat; die Persönlichkeit ist's, von der . . . alles abhängt. Der Charakter ruht auf der Persönlichkeit, nicht auf den Talenten. Talente können sich zum Charakter gesellen, er gesellt sich nicht zu ihnen: denn ihm ist alles entbehrlich außer er selbst."

DAS
BERUFS- UND FACHSCHULWESEN
VON
ALFRED KÜHNE

Das öffentliche Schulwesen in Preußen und Deutschland ist eine Schöpfung des deutschen Idealismus. Nach dem Zusammenbruch von 1806 galt es, den preußischen Staat auf neue Grundlagen zu stellen. Die Stein-Hardenbergische Gesetzgebung schuf eine neue Rechts- und Wirtschaftsordnung, die den einzelnen wirtschaftlich selbständig machte und darüber hinaus wenigstens den Städten die Selbstverwaltung gab. Scharnhorst und Boyen führten die allgemeine Wehrpflicht durch und legten damit zugleich den Grund für eine Erziehung der männlichen Bevölkerung zur Wehrhaftigkeit und Willenszucht, die bis in den Weltkrieg wirksam geblieben ist. Das schulmäßige Bildungswesen wurde von Wilhelm v. Humboldt neu aufgebaut. Der Freund Goethes und Schillers, der in der idealen Welt der Wissenschaft und Kunst heimisch war, wies allen staatlichen Bildungsanstalten die hohe Aufgabe zu, echt menschliche Bildung zu vermitteln. Die Universitäten wurden nach dem Vorbilde Berlins zu Stätten der freien Forschung und Lehre, wo die Studenten in den Geist der Wissenschaft, besonders der Philosophie, eingeführt werden sollten. Die Vorbereitung für die Hochschule wurde dem humanistischen Gymnasium übertragen, wo der neugeschaffene Stand der Oberlehrer den jungen Menschen eine harmonische Ausbildung der geistigen Kräfte, vor allem durch die Vermittlung der antiken Sprache und Kultur, daneben der Mathematik, vermitteln sollte. Für die breite Masse der Bevölkerung war die Volksschule bestimmt, die nach Pestalozzis Ideen und Methoden eine möglichst allseitige Entwicklung der Anlagen und eine vielseitige allgemeine Bildung erstrebte.

In diesem nach einheitlichem Plane angelegten und durchgeführten Bau war kein Raum für das Fachschulwesen. Süverns Entwurf eines preußischen Unterrichtsgesetzes von 1819 lehnt ausdrücklich die Ausdehnung auf dieses Gebiet ab; als öffentliche und allgemeine Schulen sollten nur die Erziehungsanstalten anerkannt werden, welche die allgemeine Bildung des Menschen an sich und nicht seine unmittelbare Vorbereitung zu besonderen Berufsarten bezweckten. Dieselbe Auffassung vertrat in der wissenschaftlichen Pädagogik Herbart, der ebenfalls die Berufsbildung nicht als Teil der öffentlichen Erziehung gelten ließ. Dieser allgemeinen Richtung der Zeit entsprechend wurden die im

18. Jahrhundert im wesentlichen als Fachschulen entstandenen Realschulen zu allgemeinen Bildungsanstalten umgewandelt und damit eine Lücke geschaffen, die erst sehr allmählich wieder ausgefüllt wurde. Denn so hoch die Leistungen der allgemein bildenden Schulen seit dem 19. Jahrhundert einzuschätzen sind, so sehr sie den Siegeszug des Bürgertums auf wirtschaftlichem und politischem Gebiet vorbereiten halfen, so konnten sie ihrer Eigenart nach auf die besonderen Bedürfnisse des beruflichen Lebens, besonders des gewerblichen und kaufmännischen, nicht genügend Rücksicht nehmen. Seit den großen Erfindungen des 17. und 18. Jahrhunderts, besonders seit der Verbesserung der Dampfmaschine durch James Watt, gewann die Technik eine immer größere Bedeutung für das wirtschaftliche Leben. Friedrich der Große hatte schon weitschauenden Blicks begonnen, sie für Preußen nutzbar zu machen und Schulen dafür geschaffen. Aber in den schweren Zeiten nach den Befreiungskriegen fehlte es an Bildungsgelegenheiten, um die notwendigen mathematischen, naturwissenschaftlichen und technischen Kenntnisse sich anzueignen. Diese Sachlage erkannte der Geheime Ober-Finanzrat Peter Christian Beuth, der seit 1818 im Finanzministerium die Abteilung für Handel und Gewerbe leitete. Er war von der Notwendigkeit durchdrungen, daß Preußen der Entwicklung seines westlichen Nachbarn folgen und eine eigene Industrie schaffen müsse. Als wichtigstes Mittel der Gewerbeförderung erkannte er das technische Schulwesen. Er setzte es gegenüber dem Widerstande des Kultusministeriums durch, daß er gewerbliche Schulen errichten konnte. Grundlegend war der Ministerialerlaß vom 27. Dezember 1820. 1821 schuf er in Berlin das Gewerbeinstitut, das er ebenso wie den Verein für Gewerbefleiß selbst leitete. In den nächsten Jahren kamen die Provinzialgewerbeschulen hinzu, die eine allgemeine technische Ausbildung vermittelten, auf den Besuch des Gewerbeinstituts vorbereiteten und zugleich ähnliche Aufgaben zu erfüllen hatten wie jetzt die Maschinenbauschulen, Baugewerkschulen und Handwerkerschulen. Der Geist in diesen gewerblichen Schulen war grundverschieden von den in den allgemeinen Bildungsanstalten. Nicht der Idealismus, sondern der Utilitarismus des 18. Jahrhunderts fand hier eine Stätte. Nicht allgemeine Bildung, sondern praktisches Wissen und Können sollte vermittelt werden. Immer wiederholte Beuth das Wort, das Plutarch von dem Spartanerkönig Agesilaos überliefert: „Die Knaben sollen lernen, was sie einst brauchen, wenn sie Männer sind."

Die Zucht war straff militärisch; unbegabte Schüler wurden rücksichtslos entfernt. Einheitliche Schulbücher wurden eingeführt und auch die Lehrmethoden zum Teil genau vorgeschrieben. Unter Beuths Leitung, der bis 1845 an der Spitze der Gewerbeschulen stand, nahmen die Schulen eine erfreuliche Entwicklung.

Inzwischen war der Zollverein gegründet und damit ein größeres Wirtschaftsgebiet geschaffen. Eine neue Gewerbeordnung mit den Anfängen des Arbeiterschutzes wurde erlassen. Der Bau von Eisenbahnen hatte begonnen und die Anwendung der Dampfkraft immer größere Bedeutung erlangt. Infolgedessen wurden auch der Technik immer schwierigere Aufgaben gestellt. Eine im wesentlichen praktische Ausbildung genügte nicht mehr, es galt, sie wissenschaftlich zu vertiefen, insbesondere die mathematischen und naturwissenschaftlichen Grundlagen der Technik auszubauen. Die ersten Schritte tat Druckenmüller, einer der Nachfolger Beuths, der 1850 die Gewerbeschulen neu organisierte. Die Provinzialgewerbeschulen hatten nach wie vor den Werkführern und Technikern eine abgeschlossene Ausbildung zu vermitteln und zugleich auf den Besuch des Gewerbeinstituts vorzubereiten. Dieses selbst wurde auf eine höhere Stufe gestellt und dazu bestimmt, die Männer für leitende Stellungen auszubilden. Später erhielt es den Namen Gewerbeakademie. 1879 wurde diese mit der Bauakademie vereinigt, als Hochschule anerkannt und dem Kultusministerium unterstellt. Damit war die höchste Form der gewerblichen Ausbildung wenigstens grundsätzlich der Universität gleichwertig geworden. Gemeinsam war von jetzt beiden Arten der Hochschule die Freiheit von Forschung und Lehre und die wissenschaftliche Begründung der Berufsarbeit. Aber während die Universität, besonders die philosophische Fakultät, ihren Stolz darin setzte, getreu ihrer idealistischen Vergangenheit die Wissenschaft um der Wissenschaft willen zu pflegen, betonte die technische Hochschule ihrem Zwecke entsprechend stärker die Anwendung und blieb in engerer Verbindung mit dem wirtschaftlichen Leben. Immerhin war eine Annäherung erreicht, die auch in der Berufsgesinnung sich geltend machte. Gerade die führenden Männer der Technik sahen und sehen in ihrer Arbeit nicht in erster Linie das Mittel der Erwerbs und äußerlichen Nutzens, sondern des Kulturfortschritts und nähern sich so der Auffassung des deutschen Idealismus; aber allerdings ist es nicht ein Idealismus der Gedanken und der Träume, sondern der Arbeit und der Tat.

So glücklich die Entwicklung war, die zur Anerkennung des Beuthschen Gewerbeinstituts als Hochschule führte, so verhängnisvoll war sie für das mittlere technische Schulwesen. Die Provinzialgewerbeschulen hätten den Bedürfnissen des gewerblichen Lebens entsprechend zu Sonderfachschulen umgewandelt und in den allgemeinen Aufbau des Schulwesens eingefügt werden können. Statt dessen erfolgte in der kurzen Zeit, während der sie dem Kultusministerium unterstanden (1879–85), die Umwandlung zu einer allgemeinbildenden Schule, zur Oberrealschule, die zunächst als Vorbereitungsanstalt für die technische Hochschule gedacht war und 1900 die Gleichberechtigung mit dem Gymnasium erlangte. Die Fachklassen für Maschinenbau und Chemie, die daneben zunächst noch bestanden, verkümmerten bis auf wenige Schulen. Zum zweitenmal im Laufe des Jahrhunderts machte sich die Übermacht der allgemeinbildenden Schulen gegenüber den mittleren technischen Schulen geltend und ließ sie nicht zur rechten Entfaltung kommen.

Eine Änderung trat erst ein, seit 1885 auf unmittelbare Veranlassung des Reichskanzlers von Bismarck die technischen Mittelschulen und Fortbildungsschulen dem Ministerium für Handel und Gewerbe unterstellt wurden. Die Schwierigkeiten, die die Änderung der Wirtschaftspolitik seit 1879 mit sich brachte, machten eine starke Einwirkung des Staates auf wirtschaftlichem Gebiete notwendig. Die Landwirtschaft und Schwerindustrie war durch die neuen Zölle geschützt, aber das Handwerk brauchte dringend der Hilfe gegenüber dem Wettbewerb der immer stärker werdenden Industrie. Bismarck erkannte, daß es das wirksamste Mittel einer Gewerbeförderung sei, für eine bessere Ausbildung des Nachwuchses zu sorgen, und daß deshalb das gewerbliche Schulwesen in nahester Verbindung mit der Gewerbeverwaltung stehen müsse. Seitdem hat sich das mittlere fachliche Schulwesen in engster Fühlung mit den betreffenden Gewerbezweigen stetig weiterentwickelt. Baugewerkschulen, Maschinenbauschulen, Textilfachschulen, Handwerker- und Kunstgewerbeschulen, dazu eine Reihe Sonderfachschulen sind zu festen Schulformen geworden, die dem tüchtigen jungen Menschen, der ein Gewerbe als Lehrling erlernt hat, die Möglichkeit bieten, eine vertiefte Berufsbildung zu erwerben und sich wirtschaftlich und sozial emporzuarbeiten. Neben den mittleren Fachschulen ist seit 1885 vor allem auch die Fortbildungsschule, die jetzt Berufsschule heißt, gefördert worden.

Sie war vorher im wesentlichen nur Ersatz-, Ergänzungs- und Wiederholungsschule, welche die Lücken der Volksschule auszufüllen hatte und daneben nur das gewerbliche Zeichnen pflegen konnte. Seitdem ist sie als Pflichtschule ausgebaut worden. Allerdings mußte sich die Entwicklung in Preußen auf der schmalen Grundlage des § 120 der Gewerbeordnung vollziehen, während mittel- und süddeutsche Staaten eine gesetzliche Durchführung der Schulpflicht bald nach 1871 erreicht hatten. Erst nach dem Weltkrieg ist durch das Gesetz über die Erweiterung der Berufsschulpflicht vom 31. Juli 1923 eine etwas bessere Regelung herbeigeführt. Die Berufsschule hat nach den Bestimmungen von 1911 die Aufgabe, die große Masse der erwerbstätigen Jugend zwischen 14 und 18 Jahren in ihrer beruflichen Ausbildung zu fördern, indem sie die wichtigsten Grundlagen des fachlichen Wissens und Könnens, Kenntnis der Rohstoffe, der Werkzeuge und der Arbeitsvorgänge, Fachzeichnen und Fachrechnen vermittelt. Daneben werden besonders wichtige Gebiete des geschäftlichen Lebens behandelt und Briefwechsel, bürgerliches Rechnen und Buchführung gelehrt. Über den Rahmen der bloß beruflichen Ausbildung geht die Bürgerkunde hinaus, die die Aufgabe hat, den Zusammenhang des einzelnen und seine Berufsarbeit mit dem Gemeinschaftsleben in Familie, Schule und Werkstatt, in Gemeinde, Staat und Reich zum Bewußtsein zu bringen, das Werden und Wesen wichtiger Einrichtungen des öffentlichen Lebens zu erklären, die Ehrfurcht vor der Verfassung und Rechtsordnung, die Liebe zu Heimat und Vaterland zu pflegen und Ziele für freudige Mitarbeit im Staate vor Augen zu stellen. Schon vor dem Kriege hat die Berufsschule es als Pflichtaufgabe übernommen, für die körperliche Ertüchtigung der heranwachsenden Jugend durch Turnen und Jugendspiele zu sorgen, eine Aufgabe, die nach dem Wegfall der Wehrpflicht noch wichtiger geworden ist. Für die weibliche Jugend kommt die hauswirtschaftliche Ausbildung zu der beruflichen hinzu. Die Berufsschule ist damit mehr und mehr auch zu einer Erziehungsschule geworden, die in den Zielen sich nahe berührt mit der allgemeinbildenden Schule, in den Wegen aber wesentlich verschieden ist. Sie darf und will den engen Zusammenhang mit der Wirklichkeit des Berufs nicht verlieren, nur so vermag sie, die nur über wenig Wochenstunden verfügt, ihre Schüler innerlich zu erfassen und zu selbständiger Mitarbeit zu gewinnen, nur so vermag sie zu einer vertieften staatsbürgerlichen Einsicht und höheren Allgemeinbildung hinzuführen. Noch hat die Berufsschule ihren vollen Ausbau nicht erlangt, sie muß allgemein gesetzlich durchgeführt werden und noch weiter als bisher zur selbständigen Schule mit eigenen Lehrern, eigenen Unterrichtsräumen und günstig gelegener Unterrichtszeit sich entwickeln. Dann wird sie zusammen mit der Berufsausbildung, die gesetzlich neu zu regeln ist, und mit der freiwilligen Jugendpflege und Jugendbewegung die festen Formen schaffen, die für die Erziehung der zum Teil schwer gefährdeten Jugend dringend notwendig sind. Sie wird somit ihr Teil dazu beitragen, daß diese Jugend fest auf dem Boden der beruflichen und staatlichen Wirklichkeit steht, aber doch auch den Zugang gewinnt zu einer höheren Form der allgemeinen Bildung, wie sie auf anderen Wegen der deutsche Idealismus erstrebt.

Von der Entwicklung des gewerblichen Schulwesens weicht die des kaufmännischen in mancher Hinsicht ab. Zwar die kaufmännische Fortbildungsschule ist in ähnlicher Weise wie die gewerbliche gewachsen, aber ein mittleres kaufmännisches Schulwesen ist in Preußen erst im 20. Jahrhundert entstanden. Während Sachsen seit 1831 höhere Handelsschulen hat, die eine besondere Form der Handelsrealschule darstellen, und auch Bayern ähnliche Schulen in größerer Anzahl besitzt, hat sich in Preußen die Handelsrealschule neben der allgemeinbildenden Realschule nicht recht entwickeln können. Erst neuerdings sind durch die Bestimmungen von 1916 über die Einrichtungen von Handelsschulen und höheren Handelsschulen die Richtlinien gegeben, die für den Aufbau eines mittleren Handelsschulwesens maßgebend sind. Dabei ist von vornherein darauf Rücksicht genommen, daß in diesen Schulen nicht nur ein tüchtiges fachliches Wissen und Können vermittelt wird, sondern daß auch im engsten Zusammenhang damit der Weg zu einer höheren allgemeinen Bildung gewiesen wird, die auf die Berufsbildung sich gründet. In besonderem Maße verfolgen dies Ziel die Handelshochschulen, die nach Leipzigs Vorbild seit Ende des vorigen Jahrhunderts entstanden sind und auch dem Kaufmanne eine auf wissenschaftlicher Grundlage beruhende Berufsbildung vermitteln wollen. Die Gründung geht zum größten Teil auf Stiftungen oder Anregungen von führenden Kaufleuten zurück, wie Mevissen, Merton, Kämpf, die so einen praktischen Idealismus betätigt haben, der für den weiteren Aufbau des gesamten gewerblichen und kaufmännischen Bildungswesens hoffentlich noch stärker wirksam sein wird als in der Vergangenheit.

Wenn es die Aufgabe des Verlagsbuchhandels ist, dem Wort und Gedanken Dauer zu verleihen, geistige Bewegungen zu fördern, zu verbreiten und zu erhalten, dann hat der Verlag von B. G. Teubner es als seinen Beruf betrachtet, sich in den Dienst des deutschen Idealismus auf den Gebieten der Wissenschaft und Erziehung zu stellen. Die erste große Tat des Hauses war die Herausgabe der „Bibliotheca scriptorum Graecorum et Romanorum", und seitdem ist die Pflege des klassischen Altertums und der humanistischen Bildung im weitesten Umfange ein nobile officium des Verlages, das zugleich ein Herzensbedürfnis ist für den Leiter, der jetzt seinen 60. Geburtstag feiert. Trotz dieser engen Beziehungen zum Klassizismus hat der Verlag schon frühzeitig die Bedeutung des gewerblichen Bildungswesens erkannt. Bereits 1845 findet sich ein Lehrbuch für Gewerbeschulen; eine Schrift für den Ausbau der polytechnischen Schule und einzelne technische Lehrbücher folgen. Der so wichtige mathematische Verlag geht vor allem zurück auf Schlömilch, der Professor der Mathematik an dem Polytechnikum in Dresden war. Aber allerdings wird dieser Teil des Verlags zunächst nicht nach der technischen Seite hin weiter entwickelt, was an sich wohl möglich gewesen wäre, sondern nach der Seite der reinen Mathematik und Naturwissenschaften. Erst gegen Ende des 19. Jahrhunderts wurden die Beziehungen enger, u. a. wurden die für die Entwicklung des technischen Hochschulunterrichts so wichtigen Werke von Föppl veröffentlicht. Neuerdings sind die technischen Hilfsbücher hinzugekommen. Auch zu den technischen Mittelschulen wurden im 1. Jahrzehnt des 20. Jahrhunderts neue Beziehungen gewonnen. Die von Girndt herausgegebene Sammlung „Der Unterricht an Baugewerkschulen" und andere Werke begannen zu erscheinen. Etwa gleichzeitig übernahm der Verlag die Veröffentlichungen des Deutschen Ausschusses für das technische Schulwesen, die die Arbeit auf diesem Gebiete in hervorragendem Maße gefördert haben.

Schon vorher war der Zusammenhang mit dem neu aufblühenden Berufs(Fortbildungs)schulwesen gewonnen, der seitdem dauernd aufrechterhalten ist. Seitdem im Jahre 1896 Dr. Stegemann in Braunschweig den Deutschen Verband für das kaufmännische Bildungswesen gegründet hatte, arbeitete er mit dem Verlage dauernd zusammen. Bei ihm erschien seine Zeitschrift und die große Reihe der Veröffentlichungen, die zur Förderung des gesamten kaufmännischen Bildungswesens, von der kaufmännischen Fortbildungsschule bis zur Handelshochschule, wesentlich beigetragen haben. Im Zusammenhang damit ist eine Reihe von Unterrichtswerken im Verlag erschienen, die neue Wege wiesen, so die „Handelsbetriebslehre" von Ebeling, die zuerst den Gedanken der Konzentration in der kaufmännischen Schule durchführt, eine rechtlich begründete Handelskunde mit dem Handelsbriefwechsel zu einer Einheit verbindet und auch kaufmännisches Rechnen und Buchführung mit dem Lehrgang in engste Verbindung setzt. Eine Weiterführung dieser methodisch wertvollen Arbeit bietet die „Betriebswirtschaftslehre" von Eckardt-von der Aa, die in ausgezeichneter Weise die Ergebnisse der betriebswirtschaftlichen Forschung für die Schule verwertet.

Neuerdings ist auch das für das kaufmännische Rechnen grundlegende Werk von Feller-Odermann den veränderten Zeit- und Schulverhältnissen in verschiedenen Ausgaben angepaßt worden. Auch die Sammlung von Lehrbüchern für kaufmännische Schulen, die zuerst Direktor Voigt in Frankfurt herausgab, enthält eine Reihe bedeutsamer Werke, so das „Rechenbuch" Drölls und die „Wirtschaftsgeographie" von von der Aa. Dem geographischen und wirtschaftskundlichen Unterricht, besonders auch an den kaufmännischen Schulen, dienen die neuen und übersichtlichen Weltwirtschaftskarten, die von der Aa und Fabian herausgeben. Von besonderem Wert ist auch das vom Verlag angeregte Lesebuch von Doerr und Buschmann „Der Kaufmann in Beruf, Staat und Leben". Es bietet ein gutes Beispiel dafür, wie die Berufsbildung zu gestalten ist, damit sie nicht nur die fachliche Leistungsfähigkeit erhöht, sondern zugleich auch den Gesichtskreis des Schülers erweitert, den Zusammenhang mit der sozialen und staatlichen Gemeinschaft gewinnen läßt und so zu einer höheren Stufe der allgemeinen Bildung und der Persönlichkeitserziehung hinleitet. Der Erweiterung des beruflichen Wissens und Könnens dienen auch die verschiedenen fremdsprachlichen Unterrichtswerke, die für die besonderen Zweige der kaufmännischen Schulen geschaffen sind. Die Methodik des kaufmännischen Unterrichts ist durch eine besondere Sammlung von Schriften gefördert worden. Vom Deutschen Verband für das deutsche Bildungswesen wurden auch die Sammelwerke „Der deutsche Kaufmann", „Der deutsche Großkaufmann" und das vierbändige „Handbuch des deutschen Wirtschaftslebens" herausgegeben, das zum erstenmal den Versuch machte, die einzelnen Gebiete durch Sachverständige beschreiben zu lassen und so einen Überblick über den tatsächlichen Zustand der Volkswirtschaft zu geben. Eine Sammlung wissenschaftlich wertvoller Werke stellten die von van der Borght, Schuhmacher und Stegemann herausgegebenen „Handbücher für Handel und Gewerbe" dar, die dem Kaufmann und Industriellen die Hilfsmittel boten, sich ein auf wissenschaftlicher Grundlage beruhendes Wissen auf den Gebieten der Privat- und Volkswirtschaftslehre, des Rechts und der Technik zu erwerben. Einzelne dieser Werke wie das „Versicherungswesen" von Manes sowie eine Reihe anderer sind besonders für den Unterricht an der Handelshochschule geeignet, so Passows „Materialien für das wirtschaftswissenschaftliche Studium", Adlers „Buchhaltungsübungen", die von Pape neu bearbeitet sind.

Etwas später als zu den kaufmännischen Schulen wurden die Beziehungen zur gewerblichen Berufsschule gewonnen. Bedeutungsvoll ist besonders die Sammlung: „Lehrmittel für gewerbliche Berufsschulen", die von Horstmann, Hecker und Fuhr herausgegeben wird. Ganz neue Wege sind in der Sammlung für den Unterricht im Modellieren und Zeichnen zuerst von Horstmann eingeschlagen, dann von Leben und Schindler weiter verfolgt worden: das räumliche Denken wird nicht mehr in erster Linie durch Flächendarstellung, sondern durch körperliche Gestaltung, durch Modellieren, geschult; erst später kommen Übungen im Lesen und Ergänzen von Zeichnungen und im Skizzieren dazu. Das Ergebnis ist, daß jetzt im Unterricht eines Halbjahres das erreicht wird, wozu früher vielfach vier Halbjahre notwendig waren.

Methodisch wertvoll sind auch die Veröffentlichungen über den Maschinenbau von Stolzenberg, über das Fachzeichnen der Tischler von Demmer und besonders über das Zeichnen der konstruierenden Berufe in den gemischtberuflichen Klassen von Hecker und Gagel. Es wird darin ein Weg gezeigt, wie in kleineren Schulen ein zweckmäßiger Zeichenunterricht durchgeführt werden kann. Für die praktische Unterrichtsgestaltung dieser kleinen Schulen im ganzen leistet die von Hecker und Gagel herausgegebene Zeitschrift „Die kleine Berufsschule" wertvolle Arbeit.

Für die Mädchenberufsschule hat sehr früh Margarete Henschke in ihrem Werke „Theorie und Praxis der Mädchenfortbildungsschule" Richtlinien aufgestellt. Sie betont die Notwendigkeit der wirtschaftlichen Erziehung, die für die Mädchen zugleich eine hauswirtschaftliche sein muß, zeigt aber zugleich in feinsinniger Weise, wie von dort aus der

Zugang zu den Bildungsgütern des deutschen Idealismus gewonnen werden kann. Das Lesebuch von Ulrike und Margarete Henschke gab so oft ein gutes Hilfsmittel für einen solchen Unterricht. Eine Reihe von Lehrbüchern für Kochen und Hauswirtschaft, Nadelarbeiten und Wäschenähen sind in neuerer Zeit dazugekommen. Auch für den Unterricht der ländlichen Fortbildungsschule hat der Verlag eine Reihe brauchbarer Unterrichtsmittel herausgegeben.

Vor allem hat er sich bemüht, für den in der Gegenwart besonders wichtigen, aber auch besonders schwierigen Unterricht in der Bürgerkunde geeignete Lehrbücher herauszugeben. „Die Einführung in die Bürgerkunde" von Treuge, „Die deutsche Volksgemeinschaft" und „Die Einführung in die Volkswirtschaftslehre" von Salomon, „Die Volksgemeinschaft und ich" von Fender sind Beispiele, wie man auf verschiedenen Wegen dem Ziele zustrebt. Als wissenschaftlich zuverlässiges Hilfsmittel für diesen Unterricht kann das groß angelegte vierbändige „Handbuch der Staats- und Wirtschaftskunde" dienen, in dem mehr als dreißig anerkannte Fachleute die verschiedenen Gebiete des wirtschaftlichen und staatlichen Lebens knapp und übersichtlich behandeln.

Die Krönung der Abteilung für das Berufs- und Fachschulwesen bilden die Werke Georg Kerschensteiners. Es ist mir eine liebe Erinnerung an meine Tätigkeit im Hause B. G. Teubner, daß ich seinerzeit angeregt habe, eine Sammlung seiner Aufsätze herauszugeben, die als „Grundfragen der Schulorganisation" erschienen sind. Sie greifen ebenso wie die späteren Schriften „Begriff der staatsbürgerlichen Erziehung", „Begriff der Arbeitsschule", „Charakterbegriff und Charaktererziehung", „Das einheitliche deutsche Schulsystem" und das große zusammenfassende Werk über die „Theorie der Bildung" weit über das Gebiet der Berufs- und Fachschule hinaus, doch werden sie für diese dauernd von besonderer Bedeutung sein; denn Kerschensteiner hat das Wesen der Berufsschule als erster wissenschaftlich erkannt und begründet, er hat sie als berufliche Arbeitsgemeinschaft organisiert und die staatsbürgerliche und menschliche Erziehung darauf aufgebaut. Kerschensteiner ist der hervorragendste Vertreter eines neuen Bildungsideals, das nicht mehr in erster Linie wissenschaftlich und künstlerisch bestimmt ist, sondern vor allem Erziehung zu beruflicher Tüchtigkeit, sozialer Gesinnung und staatsbürgerlichem Pflichtbewußtsein fordert. Die Organisation jeder Schule hat in ihrer Lehrplangestaltung der besonderen Gruppe von Lebensformen gerecht zu werden, für deren Bildung sie bestimmt ist. Als letztes Ziel gilt auch ihm die sittlich autonome Persönlichkeit, und damit mündet seine Lebensarbeit ein in den großen Strom des deutschen Idealismus.

Der kurze Überblick über die Tätigkeit des Verlages auf dem Gebiete des Berufs- und Fachschulwesens zeigt, daß er an seinem Teile mitgearbeitet hat, es den Bedürfnissen der Zeit entsprechend zu gestalten. Neue große und schwierige Aufgaben sind unserem Volk und unserer Schule seit dem Weltkriege erwachsen. Dr. Giesecke hat, gerade für das gewerbliche Schulwesen im engsten Zusammenarbeiten mit seinem jüngeren Bruder Konrad Giesecke, in dessen Händen die Leitung des mathematisch-naturwissenschaftlichen Verlages und der technischen Betriebe der Firma liegt, in den Zeiten des aufsteigenden Deutschlands weitschauend an seiner geistigen und wirtschaftlichen Entwicklung mitgearbeitet, er hat nach dem Zusammenbruch nicht verzagt, sondern hat den Verlag durch die schweren Jahre der Nachkriegszeit glücklich hindurchgeführt. Er kann am Ende seines 60. Lebensjahres auf ein großes Werk zurückschauen. Möge es ihm noch lange vergönnt sein, wie bisher die geistigen Bewegungen der Zeit zu verstehen, sie mit den großen Mitteln der Weltfirma tatkräftig zu fördern und so mitzuarbeiten an dem neuen Aufbau des deutschen Erziehungswesens und der deutschen Kultur!

VOLKSTANZ UND SINGSPIEL

VON

ELFRIEDE RITTER-CARIO

Saure Wochen – frohe Feste!

Dem Fernstehenden bietet es sich so unscheinbar und unauffällig dar – das Urdickicht des Volkstanzes –, daß seine Augen ungereizt daran vorbeigleiten. Jahrzehnte – Jahrhunderte blieb es unbeachtet. Nur an seinen Rändern trugen einige Zweige Blüten, an denen sich bodenständige Bauerngeschlechter erfreuten und die hin und wieder ein Wissenschaftler verzeichnete. In unseren nördlichen Nachbarstaaten begann man um die Jahrhundertwende, Sträuße aus diesen Blüten zu binden, und heimkehrende Studienreisende versuchten, auch in Deutschland jenes Dickicht zu erforschen. Sie schlugen kreuz und quer Wege durch das in seinen ältesten, wertvollsten Teilen aus Mangel an Luft und Sonne bereits abgestorbene Gebüsch; und siehe da: kaum konnte ein Lichtstrahl hineinfallen, als auch schon frisches Grün und kraftstrotzende Triebe mit edlen Blüten aus altem Holz hervorbrachen. Die ersten Pfadfinder führten andere zu ihren Fundplätzen. Die erst schmalen Wege verbreiterten sich. Als man die ungebrochene Triebkraft der alten Wurzeln, die unverbrauchte Nährkraft des Bodens gewahrte, begannen einige mit gärtnerischen Versuchen: sie pfropften vertraute Reiser auf den Wildwuchs, stutzten und beschnitten ihn, zogen Ableger auf, streuten im Nutzgarten gezogene Samen auf Lichtungen, schlugen Durchblicke in bekanntes Land, machten sich und die Ihren heimisch zwischen den Wildlingen.

Der Pfad manches heimlichen Forschers mag hinter ihm wieder verwuchert sein; nur wo hilfreiche Hände sich ausstreckten, folgte Wirkung der Mühe. Eins der modernen Hilfsmittel solches Wegbaues – und zwar das wirkungsvollste – war der Druck. Die erste deutsche Volkstanzsammlung – nicht zu wissenschaftlich-volkskundlichen Zwecken, sondern zur praktischen Übung zusammengestellt – nahm in seine pfleglichen Hände der Verlag Teubner; es war das Heft „Tanzspiele und Singtänze" von Gertrud Meyer, das 1907 erschien und von der in staunenswertem Erstarken begriffenen Jugendbewegung, aber auch in Kindergärten und -horten freudig aufgenommen wurde. Gertrud Meyer war sich bewußt, daß die Jugend es sich vor allem zu eigen machen würde; deshalb spricht sie eigens aus, daß die Tanzspiele sehr wohl sich auch für Erwachsene eignen und von ihnen geübt werden sollten. Auf wie fruchtbaren Boden die Arbeit fiel, die die Sammlerin in erster Linie aus ihren Eindrücken in der Volkshochschule auf Nääs (Schweden) schöpfte, zeigt die große Verbreitung des kleinen Heftes: über 60000 mußten bisher davon hergestellt werden! Auch zwei später folgende Hefte G. Meyers erreichten hohe Auflageziffern. Diese Sammlungen weisen bereits in verschiedene Richtungen: hier wurden Tänze aus stammverwandtem Ausland nach Deutschland (zum Teil zurück-)verpflanzt; es wurde in den verschiedensten deutschen Gauen gesammelt und aufgezeichnet; und es wurden zu alten Weisen, meist Volksliedern, in Art der alten Singtänze – dieser letzten Überbleibsel hoher Kultur und tiefen Sinnes – neue Tanzformen geschaffen. In dieser letzten Richtung arbeiteten innerhalb der Verlagswerke Teubners, ebenfalls sehr erfolgreich, auch Minna Radcwill („Reigensammlung"), Elfriede Cario („Alte und neue Volkstänze"), Max Tepp („Tandaradei!"), Anna Sievers („Kommt zum Tanz", „Singet und tanzet"). Die Tanzformen dieser Sammlungen entstanden meist in Jungmädchenkreisen. Reiner Sammlerarbeit, wie wir sie vorwiegend in Willi Schultz' „Deutschen Paartänzen" und „Bunten Tänzen aus Pommern" finden, und der Übersetzungsarbeit in Alice Hirschfelds „Tanzt in einem Kreise. Nordische Singtänze" stehen Bearbeitungen, zum Teil Ergänzungen durch Neuformung nach alter Tanzmusik gegenüber, wie sie Helms-Blasche mit den „Geestländer Tänzen" und Willi Schultz in den Heften „Maientanz – Erntekranz" und „Jungfernkranz – Hochzeitstanz" darbieten. Doch sehen wir auch auf dem Gebiete des Volkstanzes, daß Dr. Giesecke neben der Pflege alter Überlieferung auch volles Verständnis für das Werden des Neuen hat: er bringt 1926 und 1927 in zwei Heften die von Janietz und Giebel geformten Tänze heraus („Neue märkische Tänze", „Jugendtänze"), für die nicht nur die Tanzform, sondern auch die Musik neue (Laien-)Gestaltung ist; sie bauen sich auf den alten Bauerntänzen auf und wurden geschaffen aus dem durch neuzeitliche Körperschulung gewachsenen Bewegungssinne. Auch diese Tänze wurden von weiten Kreisen, die sich bewußt gegen die Modetyrannei überseeischer Gesellschaftstänze wenden, mit Freude aufgenommen.

Auch das verwandte Gebiet des Kinderspiels wurde berücksichtigt. Die vom Pestalozzi-Fröbel-Haus leider ohne Spielanweisung herausgegebenen „Lieder und Bewegungsspiele" (9. Auflage!) von Else Fromm sowie Jödes „Ringel Rangel Rosen", besonders in seiner vierten, stark erweiterten und völlig umgearbeiteten Auflage, tragen ungemein viel Material zusammen und ergänzen sich aufs glücklichste. Sie haben, wie auch Minna Radcwills

„Reigensammlung", auf dem Wege über Kindergarten, Schule, Spielleiter und Jugendpfleger schon unzähligen Kindern Freude ins Herz gesenkt und ihren Sinn für gesunde und wahre Fröhlichkeit gestärkt.

Bei den Herausgebern der Volkstanzhefte hatte Dr. Giesecke es häufig mit Menschen zu tun, die noch nicht publiziert hatten und keine Erfahrung in den damit zusammenhängenden Fragen besaßen. Stets sind sie vom Verlage hilfreich beraten und gestützt worden, in schwierigen Fällen trat er für sie ein, ohne sein Übergewicht geltend zu machen. Er ließ sich nicht die Mühe verdrießen, auch für die kleinen Hefte alle Sorgfalt aufzuwenden, um sie gefällig und ansprechend und doch billig zu gestalten. Die deutsche Volkstanzbewegung dankt ihm sein Verständnis und seine stete Bereitwilligkeit!

Schien die Beschäftigung mit alten Volkstänzen vielen anfänglich nur ein pietätvolles Spiel, so hat sie sich jetzt zu einer deutschen Kulturbewegung ausgewachsen, die an dem Werterückgang des modischen Gesellschaftstanzes erstarkte. Daß Dr. Giesecke diese Wendung frühzeitig erkannte, bezeugt die Tatsache, daß er im Sommer 1925 eine Zeitschrift für das gesamte Gebiet des Volkstanzes („Der Volkstanz") ins Leben rief, die anfänglich zweimonatlich, jetzt allmonatlich erscheint und sich in ihrem bescheidenen Rahmen erfreulich entwickelt. Sie hält die vielen verstreuten Tanzkreise miteinander in Verbindung und berichtet über jeden einzelnen Schleichpfad, der in das Urgebüsch des Volkstanzes geschlagen wird, über jede schöne Entdeckung, jede pflegliche Stätte. Damit hofft sie, die Gesamtarbeit zu fördern und die Pioniere Schulter an Schulter zu führen.

Noch gilt es, viel Arbeit zu leisten. Noch kaum ein Blick gelang in das verwucherte Innerste des Dickichts. Die älteste, wertvollste Überlieferung ist bisher nur aus verstreuten, verborgenen Spuren zu ahnen; von der Dreiheit: Wort, Musik, Bewegung ist die letzte kaum zu rekonstruieren. Andererseits zeigt auch der Jungwuchs bei aller ihm innewohnenden Triebkraft noch kein zukunftsicheres Fruchtholz. Wir dürfen aber hoffen, daß auch fernerhin Dr. Giesecke im Teubner-Verlag der Volkstanzbewegung seine schützende und stützende Hand nicht versagen wird; denn er hat sich kraftvoll und uneigennützig eingesetzt für das gemeinsame Ziel der vielen hundert Volkstanzkreise:

Aus deutschem Trieb und deutschem Blut sollen wieder die Tänze sein, die nach sauren Arbeitswochen die frohen Feste schmücken!

GPSR Compliance

The European Union's (EU) General Product Safety Regulation (GPSR) is a set of rules that requires consumer products to be safe and our obligations to ensure this.

If you have any concerns about our products, you can contact us on ProductSafety@springernature.com

In case Publisher is established outside the EU, the EU authorized representative is:

Springer Nature Customer Service Center GmbH
Europaplatz 3
69115 Heidelberg, Germany

Batch number: 10816188

Printed by Printforce, the Netherlands